教育部人文社会科学研究青年项目资助

国家创新型试点城市的企业创新效应研究

邓敏 / 著

中国海关出版社有限公司
·北京·

图书在版编目（CIP）数据

国家创新型试点城市的企业创新效应研究 / 邓敏著 . 北京 ：中国海关出版社有限公司，2024. -- ISBN 978-7-5175-0874-8

Ⅰ. F279. 23

中国国家版本馆 CIP 数据核字第 20255L38K4 号

国家创新型试点城市的企业创新效应研究

GUOJIA CHUANGXINXING SHIDIAN CHENGSHI DE QIYE CHUANGXIN XIAOYING YANJIU

作　　者：邓　敏
责任编辑：朱　言
责任印制：王怡莎
出版发行：中国海关出版社有限公司
社　　址：北京市朝阳区东四环南路甲 1 号　　邮政编码：100023
编 辑 部：01065194242-7521（电话）
发 行 部：01065194221/4238/4246/4227（电话）
社办书店：01065195616（电话）
印　　刷：中煤（北京）印务有限公司　　经　　销：新华书店
开　　本：710mm×1000mm　1/16
印　　张：10. 75　　字　　数：156 千字
版　　次：2024 年 12 月第 1 版
印　　次：2024 年 12 月第 1 次印刷
书　　号：ISBN 978-7-5175-0874-8
定　　价：68. 00 元

前　言

在全球新一轮科技革命和产业变革的浪潮下，科技创新已成为推动生产力跃升的关键引擎和核心驱动力。科技创新不仅以催生新技术和新产业的方式驱动传统产业转型升级，赋予经济高质量发展崭新动力，而且在促进全社会资源配置效率提升、激发市场创新创业活力和推动生产力深层次结构性变革等方面发挥了重要作用。2023 年召开的中央经济工作会议强调，要以科技创新推动产业创新，特别是以颠覆性技术和前沿技术催生新产业、新模式、新动能，发展新质生产力，为我国科技创新工作作了重要指引。

在此背景下，建设一批具有强大创新驱动力、支撑力和可持续力的创新型城市，不仅是中国走创新型国家之路的积极探索，也是中国城市发展迈向更高台阶的必经之路。本书剖析了国家创新型城市试点工作与企业创新之间的内在联系，为国家创新型城市建设提供了来自微观层面的经验数据，对政府和企业开展创新实践活动具有一定的参考价值。

本书主要在以下方面实现了突破和创新。从研究视角来看，本书基于微观企业创新决策视角构建理论框架，并运用严谨的计量方法，丰富了国家创新型城市与企业创新方面的理论研究。从指标贡献来看，本书从创新驱动力、创新支撑力与创新可持续力这三个方面构建了国家创新型城市综合创新力评价指标体系，以期对创新型城市的综合能力和发展潜力进行更加全面的认识和评价。从理论贡献来看，本书系统分析了国家创新型城市试点工作与企业创新之间的理论框架及其作用机理，并进一步构建了国家创新型城市试点工作影响企业创新的数理模型，推导出国家创新型城市与企业创新的直接因果关系和内在驱动效应。从实证策略来看，首先，采用多期双重差分法实证考察了国家创新型城市试点工作对企业创新投入和产出的影响效应；其次，采用一系列稳健性检验进一步验证本书基本结论的可靠性；最后，运用中介效应模型和交互效应模型进一步识别国家创新型城市试点工作影响企业创新效果的作用机制。

本书中部分资料来源于2006—2017年发布的报告和年鉴，部分数据可能与当前数据存在差异，书中仅引用相关数据供方法介绍和模型搭建使用，数据不作为对研究工作的具体指导。

本书是教育部人文社会科学研究青年基金项目“国家创新型城市建设对企业创新的影响研究：理论机制与中国经验”（项目号：22YJC790021）的资助成果。在此，感谢我的导师——上海财经大学刘乃全教授对我撰写本书的悉心指导，感谢上海海关学院黄丙志教授和华东政法大学曹希广博士等对本书出版的大力支持，同时也感谢中国海关出版社有限公司编辑团队的辛勤付出。

由于作者水平有限，加之时间仓促，本书难免有疏漏和不足之处，还请广大读者批评指正。

邓敏

2024年8月

目 录

第一章　绪论

第一节　研究背景

创新不仅是驱动国家经济增长的核心力量（Solow，1957），也是国家长期保持竞争优势的决定性因素（Porter，1992）。我国历来重视创新在经济和社会中的重要作用。2005 年，党的十六届五中全会把提高自主创新能力、建设创新型国家作为“十一五”时期的主要任务之一，国务院于 2006 年 2 月发布的《国家中长期科学和技术发展规划纲要（2006—2020 年）》中也提到把建设创新型国家作为面向未来的重大战略选择。党的十八大报告提出了实施创新驱动发展战略的重大部署，并强调“科技创新是提高社会生产力和综合国力的战略支撑，必须摆在国家发展全局的核心位置”。2016 年 5 月，习近平总书记在全国科技创新大会、两院院士大会、中国科协第九次全国代表大会上的讲话中提出了“建设若干具有强大带动力的创新型城市和区域创新中心”。与此同时，中共中央、国务院印发了《国家创新驱动发展战略纲要》，并发出通知，要求各地区各部门结合实际认真贯彻执行。2017 年，党的十九大报告指出“加快建设创新型国家。创新是引领发展的第一动力，是建设现代化经济体系的战略支撑”。2020 年，党的十九届五中全会提出坚持创新在我国现代化建设全局中的核心地位。2022 年，党的二十大报告指出“必须坚持科技是第一生产力，人才是第一资源，创新是第一动力”，进一步为我国实现高水平科技自立自强和创新发展指明了方向。

根据图 1.1，我国专利申请数量与研发强度（R&D 经费①占 GDP② 的比重）呈现逐年稳步增长的趋势，由 2003 年的 1.13%增长到 2021 年的 2.44%，表明我国 R&D 经费占 GDP 的比重越来越高；我国专利申请受理数也呈现稳步上升的态势，从 2003 年的约 31 万件增至 2021 年的约 524 万件，年平均增长速度接近 20%，尤其是反映实质性创新的发明专利申请受理数也表现出稳步增长态势。从我国与部分发达国家 PCT（Patent Cooperation Treaty）专利申请量的对比来看（见图 1.2），2009 年以前我国 PCT 专利申请量与韩国、法国、英国等发达国家相当，远落后于美国、日本、德国，但从 2009 年开始迅速上升，到 2021 年 PCT 专利申请量已超过美国。

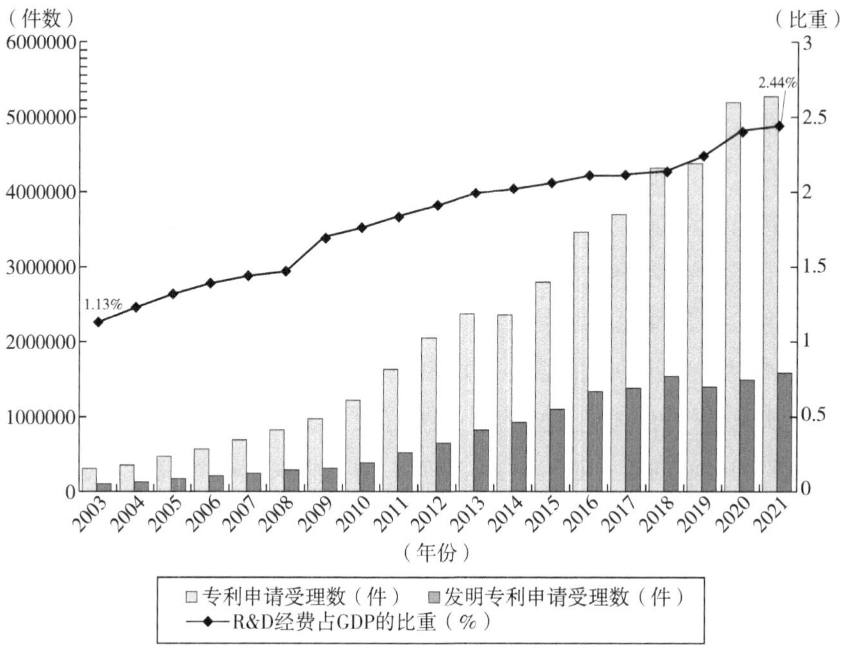

图 1.1　我国专利申请数量与研发强度的变化趋势

数据来源：《中国统计年鉴（2022）》。

---

① R&D 是英文 Research and Experimental Development 的缩写，中文译为“研究与试验发展”，简称“研发”。R&D 经费是指报告期为实施 R&D 活动而实际发生的全部经费支出。R&D 经费及其投入强度，是国际上广泛使用的、衡量一个国家（地区）自主创新投入规模及水平的重要指标。

② GDP，Gross Domestic Product，国内生产总值。

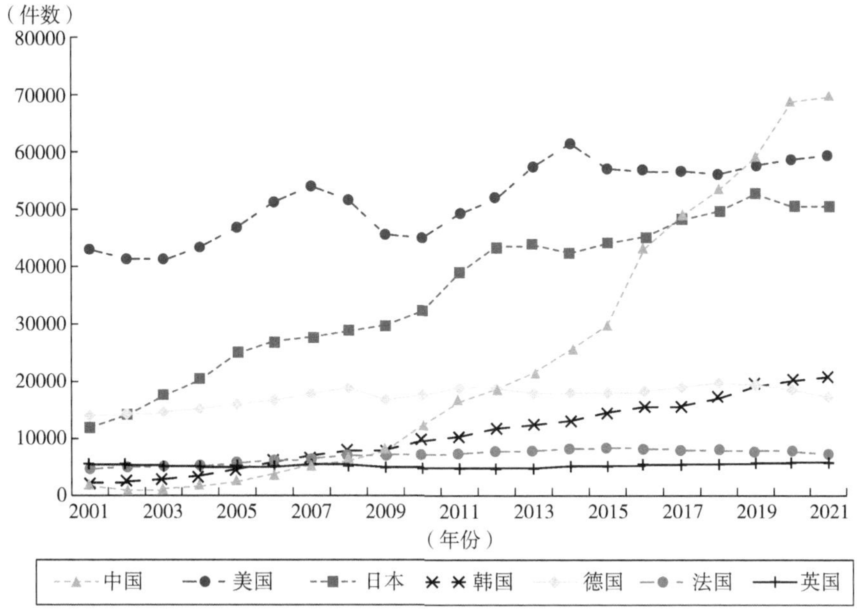

图 1.2 我国与部分发达国家 PCT 专利申请量的对比

数据来源：世界知识产权组织统计数据库。

可见，我国深入实施创新驱动发展战略取得了显著的成效。从中国与部分发达国家研发强度的对比来看（见图 1.3），韩国的研发强度表现出较为明显的增长趋势，德国与中国呈现出稳步但缓慢的增长趋势，而美国、日本和法国研发强度的增长趋势则呈现出波动式状态；2020 年研发强度排名靠前的国家的研发强度在 3%左右，个别国家甚至超过了 4%，例如韩国（4.81%）、日本（3.27%）、德国（3.13%）和美国（3.45%）。中国 2020 年的研发强度为 2.40%，略超过法国（2.34%），远超英国（1.77%），但与美国、日本、德国和韩国等相比仍存在一定差距。

为了推动创新型国家和国家创新体系建设，我国从 2008 年起分批次设立了若干个创建国家创新型城市试点［为表述方便，后文将入围创新型城市试点建设名单的城市（区）称为国家创新型试点城市］，并将该类新型城市模式作为开展国家创新活动、建设创新型国家以及推进国家创新体系建设的重要支撑和载体。城市作为国家的基本组成单位和人类经济生产活动最重要的核心区域，是各类创新要素和资源的集聚地（Jacobs，1961；

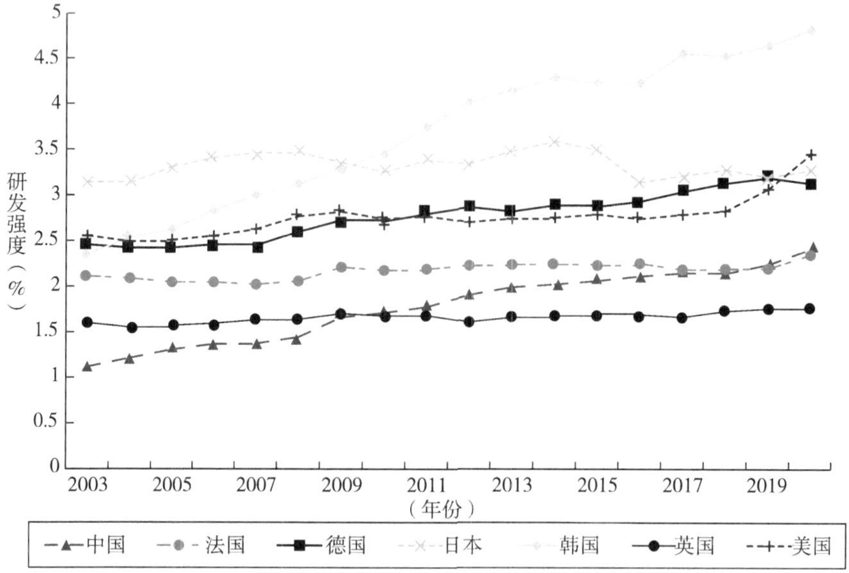

图 1.3　我国与部分发达国家研发强度的对比

数据来源：《中国科技统计年鉴（2022）》和世界知识产权组织统计数据库。

Krugman，1991；Smit et al.，2015），其生产力与创新能力是国家强盛的基础，决定着国家和区域的发展水平。城市的经济发展和综合竞争力的提升则更多地依赖于科技创新的驱动力量（Cohendet et al.，2009），使创新成为决定城市未来发展命运的决定性因素，驱动现代城市形态转型升级。在此背景下，许多城市为优化城市发展模式纷纷提出了建设创新型城市的目标，并积极推进城市各层面的创新活动。科技部、国家发展改革委制定的《建设创新型城市工作指引》中指出"创新型城市是以科技创新为经济社会发展的核心驱动力，拥有丰富的创新资源、充满活力的创新主体、高效的创新服务和政府治理、良好的创新创业环境，对建设创新型省份和国家发挥显著支撑引领作用的城市。"

创新型城市建设不仅是创新型国家建设的重要环节，也是完善区域体系建设的重要内容。创新型城市运行机制系统的关键环节是园区或者产业，而园区或者产业都是由企业集聚形成的，所以创新体系的最终落脚点是企业。企业作为创新活动的真正行为主体（王缉慈，2001），承载着国家构建创新型社会的重担。随着新科技革命时代的到来，企业创新能力不仅是保证自身核心竞争力的关键因素，更是推动一个国家或地区高质量发展的关键动力源泉。2010 年科技部印发的《关于进一步推进创新型城市试点工作的指导意见》中指出，创新型城市工作的主要任务之一便是大力增强企业自主创新能力。因此，地方政府和相关部门在贯彻和落实国家创新型城市试点工作的相关政策时也应将企业作为重要抓手，注重扶持企业创新能力的提升，降低企业自主创新成本。例如，湖州市为推进国家创新型城市试点工作，加快实施有利于企业所得税减免和研发费用扣除的财税优惠政策，并面向企业设立科技创新专项资金以加大对企业创新投入力度。与此同时，湖州市还注重科技人才引进培养，实施重点人才引进工程和科技企业家培育工程等。宁波市为激励企业进行研发投入，甚至设定了可以用于计算企业研发后补助金额的加权公式。政府一直致力于通过制定创新激励措施来支持创新活动，这是因为创新通常具有资金投入大、研发成本高、回报周期长，以及不确定性等特征，且常伴有较大的失败风险（Bansal and Hunter，2003；潘越等，2015），同时企业在进行创新活动的过程中经常容易面临融资约束等问题（Holmström，1989）。

内生经济增长理论认为，技术创新水平是导致国家之间经济存在较大差距的主要原因，而创新技术通常具有较强的公共产品性质，易产生技术溢出。因此，该理论便主张国家可通过一定的鼓励和扶持政策来促进技术的创新。以此为基础而产生的国家创新系统（Freeman，1987）和城市创新系统（赵黎明和冷晓明，2002）理论认为通过国家和城市的制度安排与协调，可以推动各创新主体进行知识与技术的创新与应用，强调了国家和城市在技术创新中的作用。企业的创新发展依托于国家和城市辖区内的良好创新环境和资源配置效率，而国家创新型城市建设作为一种城市创新发展模式，属于有机的城市创新系统，不仅能够为企业提供创新优惠政策、创新人才、基础服务设施、制度安排以及创新氛围等发展要素，还能够为企业搭建创新活动的空间载体和协作平台，使城市内企业在内外部形成良好的创新资源配置和循环，从而极大地促进企业整体创新水平的提升。可见，国家创新型城市建设势必会对城市发展和企业创新活动带来重要的影响。因此，深入研究和评估国家创新型试点城市的企业创新效应，探究政策背后的影响因素以及内在作用机理，不仅能够为国家创新型城市建设提供基于微观层面的经验证据，也有助于为在全国更大范围推广国家创新型城市建设提供相应的理论参考。

综上，本书基于国家创新型城市试点工作，深入分析其对企业创新带来的影响，重点聚焦于以下几个问题。第一，什么是国家创新型城市以及现有的国家创新型试点城市发展趋势和特征。第二，获批成为国家创新型试点城市是否有助于当地企业创新水平的提高；如果存在国家创新型试点城市的企业创新影响效应，那么具体会如何影响企业的创新投入、创新产出甚至企业创新质量。第三，国家创新型试点城市主要通过哪些潜在的作用机制影响企业创新。第四，针对企业不同区位、产权性质、规模大小以及行业特征，国家创新型试点城市的企业创新效应是否存在差异化的影响效果。

第二节　研究思路与方法

一、研究思路

本书基于国家创新型城市试点工作的政策制度背景，依托创新理论、内生增长理论、创新系统理论和市场失灵与宏观调控理论，旨在探索国家创新型城市试点工作对企业创新的影响效应，以期从企业微观行为中寻找出国家创新型城市试点工作对企业创新高质量增长的长效机制。本书的具体研究思路包括：

（一）系统梳理国家创新型城市的制度背景，归纳和整理国家和地方层面的国家创新型城市试点工作的相关政策文件，总结和分析国家创新型城市试点工作的发展历程，并解读相关试点城市的政策内容、任务要求以及建设步骤；

（二）对标新时代高质量发展的要求，构建国家创新型城市综合创新力评价指标体系，通过解读创新驱动力、创新支撑力与创新可持续力等指标，分析和研判国家创新型城市的发展趋势与特征；

（三）基于创新相关理论基础，从政策效应、驱动效应及成本效应三个方面深入探究国家创新型城市试点工作与企业创新之间的影响关系，并基于异质性企业垄断竞争模型，构建国家创新型城市试点工作影响企业创新行为的数理模型；

（四）通过严格的实证策略，分析验证国家创新型城市试点工作影响企业创新的效应，并采用一系列稳健性检验和异质性检验，以探究两者之间的因果关系和异质性；

（五）重点剖析国家创新型城市试点城市工作影响企业创新的市场反应机制，客观分析了试点城市影响企业创新的总体评价和差异化影响效果，并提出有利于我国城市创新综合竞争力和企业创新实力提升的建议。

二、研究方法

本书采用文献研究法、理论分析与实证研究相结合、定性分析与定量分析相结合的研究方法，采用的研究工具包括 Matlab、Stata 和 ArcGIS 等软件。基于以上研究方法和工具，研究了国家创新型试点城市的企业创新效应。

（一）文献研究法

文献研究法是快速了解研究主题背景和内容框架的基础，为后续研究推进提供了重要的支撑和导向作用。本书采用文献研究法对国内外关于创新型城市和企业创新的大量文献资料和研究成果进行整理、归纳与评述，还进一步对创新型城市及企业创新的相关概念与内涵进行界定和梳理，总结和归纳现有文献观点，并将研究范围进行准确界定，以充分厘清创新型城市发展与企业创新的现有理论基础和文献研究资料，为后续的研究分析提供理论与文献支撑。

（二）理论分析与实证研究相结合

在理论分析部分，本书通过总结并分析国内外相关文献和多份地方创新型试点城市的政策文件，深入探究了国家创新型城市试点工作对企业创新的影响效应。在异质性企业垄断竞争模型的基础上，本书进一步运用逻辑推演和数理推导等方法，引入反映创新型城市基本情况的参数，构建出创新型城市与企业创新行为关系的理论模型。在实证研究部分，本书通过采用城市层面和企业层面的数据，并采用宏观与微观相结合的实证研究策略予以识别。在实证方法上，主要运用固定效应模型和双重差分方法来对国家创新型试点城市的企业创新效果进行科学的评估与判断。与此同时，本书还进一步采用倾向得分匹配-双重差分法、工具变量法、安慰剂检验、排他性检验、置换检验、Heckman 两步法、替换变量法等多种稳健性检验方法，尽可能解决样本选择性偏误和遗漏变量等内生性问题，以确保本书实证结果的可靠性与稳健性。在识别作用机制的方法上，本书主要采用中介效应模型和交互效应模型来进一步探究国家创新型城市试点工作影响企业创新的传导机制和路径。

（三）定性分析与定量分析相结合

本书通过梳理国内外相关文献，以及中央和地方创新型城市政策文件，不仅对国家创新型城市试点工作的制度背景、政策内容、意义目标、任务要求和建设步骤进行了分析和总结，还对国家创新型试点城市的企业创新政策效应、驱动效应、成本效应以及内在作用机制进行了详细的定性分析。在定性分析的基础上，本书通过整理城市数据和企业数据，对国家创新型城市的发展趋势、试点城市与企业创新的因果关系、作用机制和异质性效应等都进行了丰富的定量分析。通过结合定性分析和定量分析的方法，本书试图全面客观地展示国家创新型城市试点工作与企业创新的关系，进一步深化国家创新型城市建设与企业创新关系的内在作用机理，以期得到有价值的城市发展模式经验和规律。

第三节 研究内容与框架

一、研究内容

本书共分为七章。

第一章，绪论。本章主要介绍了本书的研究背景、研究思路与方法，同时对本书的研究内容与框架进行阐述，并展示全书的技术路线图，最后提出本书的研究创新点与不足之处。本章简要呈现了全书的研究框架和脉络，是快速了解全书内容的窗口。

第二章，国家创新型城市的发展与相关文献综述。本章首先系统梳理了国家创新型试点城市工作的制度背景与发展历程，并对政策内容、意义、要求、任务和建设步骤进行归纳总结；其次是对政策试点、创新型城市、企业创新相关的文献资料进行了回顾与梳理，以厘清研究内容所要遵循的理论和文献框架；最后是对已有的文献进行简要评述。

第三章，国家创新型城市综合评价与现状分析。本章内容在吸收和借鉴国内外创新型城市评价指标基础上，构建了国家创新型城市综合创新力评价指标体系，详细阐述了评价指标体系的数据来源和评价方法，并基于测算结果对国家创新型城市的发展的时间趋势、地区特征和排名差异等情况进行对比分析，更直观地展示了国家创新型城市的发展现状。

第四章，国家创新型试点城市的企业创新理论框架。首先，本章介绍与研究问题相关的理论发展情况，并重点阐述了各理论的核心思想和观点；其次，本章详细阐述国家创新型城市试点工作影响企业创新的逻辑关系，并将国家创新型城市作为地区特征参数引入异质性企业垄断竞争模型中，并运用数理推导进一步识别国家创新型城市与企业创新的影响关系。

第五章，国家创新型试点城市的企业创新实证研究。本章采用多期双重差分法实证考察了国家创新型城市试点工作对企业创新的影响，并进一步通过一系列稳健性检验，验证研究结论的稳健性。另外，本章还分别对生命周期、所有制、技术水平等企业特征以及不同地区特征的企业进行了异质性分析，以考察国家创新型试点城市工作对不同企业创新可能存在的差异化影响。

第六章，国家创新型试点城市的市场反应与企业创新。本章主要对国家创新型试点城市工作影响企业创新的市场反应机制进行了详细的理论分析，然后分别运用实证模型来进一步识别国家创新型城市建设是否通过驱动市场人才资源配置、创新平台建设、金融服务导向、竞争风险等市场积极反应，从而作用于企业创新。

第七章，主要研究结论与启示。本章主要在理论分析和实证研究的基础上概括了本书的主要研究成果及其结论，并提出了具有针对性的政策启示与建议。另外，结合现有研究的一些局限性，本章进一步探讨了后续可深入研究的方向及其展望。

二、研究框架

本书研究的主题是国家创新型试点城市的企业创新效应，即国家创新型城市试点工作与企业创新之间的关系。总体上按照历史与现状结合、理论与实证统一、整体与局部兼顾的研究思路，沿着“文献梳理—理论框架—实证分析—机制检验—政策启示”的逻辑顺序依次展开，重点考察了国家创新型城市试点工作与企业创新之间的影响关系，并评估了试点城市的企业创新效果。同时，本书深入分析了国家创新型城市影响企业创新的市场反应机制。

第二章　国家创新型城市的发展与相关文献综述

第一节　国家创新型城市的发展

随着经济全球化的不断深入发展，以及知识和信息在经济社会中的快速渗透，科技创新逐步成为增强国家竞争力的核心驱动力。早在20世纪中期，美国、法国、英国、德国、日本等国家便意识到科技创新是支撑一个国家发展实力和综合竞争力的关键因素。很多创新型国家将城市的创新能力作为重要的培育对象，而对创新型城市的研究也从最初对现代城市发展问题解决方案的探索逐步转向以创新驱动为核心的城市发展模式转型，形成了一批如英国伦敦、美国纽约、日本东京、德国鲁尔区、加拿大渥太华以及韩国大田等知识化和信息化高速发展的创新型城市（区域）。

为了推动创新型国家建设以及国家创新体系的形成，我国从2008年起分批次设立了若干国家创新型试点城市（National innovative pilot cities），并批复深圳市为首个国家创新型试点城市。国家创新型城市将成为建设创新型国家的重要支撑和载体，其本质是一种以创新作为核心驱动力的城市发展新模式（李仲飞，2014），可以快速提升城市科技创新动力，增强区域发展新优势。国家创新型城市建设亦是一个从点到面、由浅入深，并逐批推开的政策试验过程（李政和杨思莹，2019）。

选取典型试点建设国家创新型城市，并以此模式逐渐向全国推广，是自国家实施创新驱动发展战略以来的一次重要政策实践。从2008年政策试点正式出台至2023年年底，先后有103个城市（区）入选国家创新型城市建设名单。据《国家创新型城市创新能力评价报告2023》统计，103个创新型城市（区）人口数占全国的一半，总共的 R&D 投入和地方财政科技投入分别占全国的 85%和 72%，承载了全国 85%的高新技术企业和产出全国 2/3 的 GDP。可见，建设国家创新型城市不仅是当前我国成为科技强国过程中的重要一环，也是推动国家创新体系不断完善的重要试验举措（章文光和宋斌斌，2018）。根据刘伟（2015）对我国政策试点发展阶段的研究分析，可总结出我国建设国家创新型城市大致也需要经历三个阶段。

一、政策试点酝酿筹备阶段（2003 年—2007 年）

我国科技事业虽然取得了突飞猛进的发展，但是科技发展水平仍然无法满足新形势下经济结构优化调整和高质量发展“三大变革”[①] 的迫切要求。2003 年，科技部在《加快国家创新体系建设，全面提高国家整体创新能力》中指出，加快国家创新体系建设是党和国家在新时期把握新机遇、迎接新挑战的基础性工作，具有极其重要和深远的意义。2005 年 10 月，党的十六届五中全会把提高自主创新能力、建设创新型国家作为“十一五”时期的主要任务之一。2006 年 2 月，国务院发布《国家中长期科学和技术发展规划纲要（2006—2020 年）》，并提出到 2020 年进入创新型国家行列。2007 年 10 月，党的十七大报告指出“提高自主创新能力，建设创新型国家。这是国家发展战略的核心，是提高综合国力的关键”。与此同时，地方政府积极响应创新型国家战略，深圳、天津、武汉等城市陆续提出建设创新型城市的发展目标。2007 年，科技部、广东省人民政府、深圳市人民政府签订了《科技部、广东省人民政府、深圳市人民政府共同建设国家创新型城市框架协议》，构建中央与地方共建创新型城市的合作平台。

二、政策试点正式出台阶段（2008 年—2010 年）

2008 年，经国家发展改革委批复，深圳市成为第一个国家创新型试点城市。为推动创新型国家战略，在深圳市试点经验的基础上，国家更大范

① “三大变革”一般指质量变革、效率变革和动力变革。

围地推广国家创新型试点城市建设。为进一步推进创新型城市建设，2010年，国家发展改革委发布《国家发展改革委关于推进国家创新型城市试点工作的通知》（发改高技〔2010〕30号）、科技部发布《关于进一步推进创新型城市试点工作的指导意见》和《创新型城市建设监测评价指标（试行）》，并批复了广州、南京、厦门等城市开展创建国家创新型城市试点。《关于进一步推进创新型城市试点工作的指导意见》中指出“推进创新型城市建设要试点先行、积累经验、逐步推开”。

三、政策试点扩大完善阶段（2011年—2023年5月）

按照“试点先行，积累经验，逐步推开”原则，科技部和国家发展改革委分批次批复了若干个国家创新型城市，截至2016年年底，全国共有61个城市（区）获批成为国家创新型城市。根据新华社北京2016年5月19日电，中共中央、国务院印发了《国家创新驱动发展战略纲要》（以下简称《纲要》）。《纲要》中指出，到2020年进入创新型国家行列，基本建成中国特色国家创新体系，有力支撑全面建成小康社会目标的实现；到2030年跻身创新型国家前列，发展驱动力实现根本转换，经济社会发展水平和国际竞争力大幅提升，为建成经济强国和共同富裕社会奠定坚实基础；到2050年建成世界科技创新强国，成为世界主要科学中心和创新高地，为我国建成富强民主文明和谐的社会主义现代化国家、实现中华民族伟大复兴的中国梦提供强大支撑。2017年，党的十九大报告指出“加快建设创新型国家”。2018年4月2日，科技部和国家发展改革委发布了《关于支持新一批城市开展创新型城市建设的函》（国科函创〔2018〕59号），进一步支持吉林市、徐州市和绍兴市等17个城市国家创新型城市建设工作。2022年1月6日，科技部发布《关于支持新一批城市开展创新型城市建设的通知》（国科发区〔2022〕5号），支持保定市等25个城市开展创新型城市建设。截至2023年5月，全国共有103个城市（区）获批成为国家创新型城市（见表2.1），创新型城市建设在国家决策层的进一步推动下，迈向了新的发展阶段。

表 2.1 国家创新型城市（区）建设名单与获批时间（2008 年—2023 年）

序号	创新型城市（区）	所属省/自治区/直辖市	批复日期	序号	创新型城市（区）	所属省/自治区/直辖市	批复日期
1	深圳市	广东	2008/6/12	29	昆明市	云南	2010/4/22
2	海淀区	北京	2010/1/10	30	长春市	吉林	2010/4/22
3	滨海新区	天津	2010/1/10	31	太原市	山西	2010/4/22
4	杨浦区	上海	2010/1/10	32	景德镇市	江西	2010/4/22
5	沙坪坝区	重庆	2010/1/10	33	南昌市	江西	2010/4/22
6	唐山市	河北	2010/1/10	34	银川市	宁夏	2010/4/22
7	包头市	内蒙古	2010/1/10	35	南宁市	广西	2010/4/22
8	哈尔滨市	黑龙江	2010/1/10	36	宝鸡市	陕西	2010/4/22
9	南京市	江苏	2010/1/10	37	贵阳市	贵州	2010/4/22
10	宁波市	浙江	2010/1/10	38	大连市	辽宁	2010/1/6
11	嘉兴市	浙江	2010/1/10	39	海口市	海南	2010/4/22
12	合肥市	安徽	2010/1/10	40	昌吉市	新疆	2010/4/22
13	厦门市	福建	2010/1/10	41	石河子市	新疆	2010/4/22
14	济南市	山东	2010/1/10	42	沈阳市	辽宁	2010/1/6
15	洛阳市	河南	2010/1/10	43	杭州市	浙江	2010/1/6
16	武汉市	湖北	2010/1/10	44	秦皇岛市	河北	2011/5/25
17	长沙市	湖南	2010/1/10	45	连云港市	江苏	2011/6/8
18	广州市	广东	2010/1/10	46	呼和浩特市	内蒙古	2011/6/8
19	成都市	四川	2010/1/10	47	镇江市	江苏	2011/6/8
20	西安市	陕西	2010/1/6	48	乌鲁木齐市	新疆	2012/3/25
21	兰州市	甘肃	2010/1/10	49	郑州市	河南	2012/3/26
22	石家庄市	河北	2010/1/10	50	南通市	江苏	2012/5/25
23	烟台市	山东	2010/1/6	51	宜昌市	湖北	2013/4/24
24	苏州市	江苏	2010/1/6	52	扬州市	江苏	2013/4/24
25	无锡市	江苏	2010/1/6	53	泰州市	江苏	2013/4/24
26	常州市	江苏	2010/4/22	54	盐城市	江苏	2013/4/24
27	福州市	福建	2010/4/22	55	湖州市	浙江	2013/4/24
28	西宁市	青海	2010/4/22	56	萍乡市	江西	2013/4/24

表 2.1 续

序号	创新型城市（区）	所属省/自治区/直辖市	批复日期	序号	创新型城市（区）	所属省/自治区/直辖市	批复日期
57	青岛市	山东	2010/1/6	81	宿迁市	江苏	2022/1/6
58	济宁市	山东	2013/4/24	82	淮安市	江苏	2022/1/6
59	南阳市	河南	2013/4/24	83	温州市	浙江	2022/1/6
60	襄阳市	湖北	2013/4/24	84	台州市	浙江	2022/1/6
61	遵义市	贵州	2013/4/24	85	淄博市	山东	2022/1/6
62	吉林市	吉林	2018/4/2	86	威海市	山东	2022/1/6
63	徐州市	江苏	2018/4/2	87	日照市	山东	2022/1/6
64	绍兴市	浙江	2018/4/2	88	临沂市	山东	2022/1/6
65	金华市	浙江	2018/4/2	89	德州市	山东	2022/1/6
66	马鞍山市	安徽	2018/4/2	90	汕头市	广东	2022/1/6
67	芜湖市	安徽	2018/4/2	91	长治市	山西	2022/1/6
68	泉州市	福建	2018/4/2	92	滁州市	安徽	2022/1/6
69	龙岩市	福建	2018/4/2	93	蚌埠市	安徽	2022/1/6
70	潍坊市	山东	2018/4/2	94	铜陵市	安徽	2022/1/6
71	东营市	山东	2018/4/2	95	新余市	江西	2022/1/6
72	株洲市	湖南	2018/4/2	96	新乡市	河南	2022/1/6
73	衡阳市	湖南	2018/4/2	97	荆门市	湖北	2022/1/6
74	佛山市	广东	2018/4/2	98	黄石市	湖北	2022/1/6
75	东莞市	广东	2018/4/2	99	湘潭市	湖南	2022/1/6
76	玉溪市	云南	2018/4/2	100	柳州市	广西	2022/1/6
77	拉萨市	西藏	2018/4/2	101	绵阳市	四川	2022/1/6
78	汉中市	陕西	2018/4/2	102	德阳市	四川	2022/1/6
79	保定市	河北	2022/1/6	103	营口市	辽宁	2022/1/6
80	邯郸市	河北	2022/1/6				

资料来源：科技部、国家发展改革委。

第二节　创新型城市相关研究综述

一、创新型城市的概念与内涵

城市作为国家的基本组成单位，是各类创新要素和资源的集聚地（Jacobs，1961；Krugman，1991；Lucas，1993），其发展是国家强盛的基础，决定着国家和区域的发展水平（Smit et al.，2015）。同时，城市也是微观经济体——企业创新与发展的摇篮及试验田（Hall，2000）。随着世界科技进步和经济全球化趋势的不断增强，以往传统的生产要素，如交通、原材料、区位等逐渐在城市发展过程中不再起决定性作用，而是更多地取决于科技创新的驱动力量，并以此来带动城市经济发展和国际竞争力跃升（Cohendet et al.，2009）。随着创新日益成为驱动城市未来发展的决定性要素，现代城市形态正经历着深刻的转型变革。因此，一些城市为了实现城市模式优化升级纷纷提出了创新型城市建设的蓝图，并积极推进城市各层面的创新活动，关于创新型城市的研究由此而兴起。创新型城市最初由Bianchini and Landry（1995）提出，此后国内外学者针对创新型城市的内涵和定义开展了广泛研究，尽管研究成果丰富，但在创新型城市的统一概念和清晰界定上尚未达成共识。目前对创新型城市概念存在两种表述和理解，即“The Creative City”（Bianchini and Landry，1995；Sassen，1995；Sasaki，2010；Cohendet et al.，2009）与“The Innovative City”（Simmie，2001；霍丽和惠宁，2006；纪宝成，2009；方创琳等，2014；章文光和宋斌斌，2018）。其中，前者更强调创新理念、创意与创新文化，而后者则更加强调技术、知识、人才与制度等创新要素，而国内学者更倾向于接受后者所阐述的创新型城市的概念。

关于“The Innovative City”的概念可以从以下几个方面进行深入解读。首先，从城市属性来看，创新型城市属于复杂的城市创新系统，主要由城市区域内科技产业、创新型企业、大学和相关科研机构等构成区域内有机的创新主体，其城市发展模式表现出较强的知识创新和科技创新的辐射和引领作用，尤其是以知识技术密集型产业为代表，该产业发展程度通常反映出一个城市的科技发展水平和创新竞争力；其次，从城市发展历程来看，创新型城市通常由社会、经济和文化基础较好的城市演变而来，需要经历资源型、资本型、创新型和智慧型等多个发展阶段（方创琳等，2014）；再次，从要素驱动来看，创新型城市是以知识、技术、人才、金融等创新要素为核心来驱动城市经济发展的城市发展新模式；最后，从城市发展目标来看，创新型城市旨在支持和培育创新主体，打造高效率创新合作与交流平台，集聚和整合创新资源要素，最大限度地激发创新活力，并推动建立以企业为主体、以市场为导向、产学研高度融合的城市技术创新体系，是一种追求多方利益主体合作共赢的以科技创新为核心驱动力的城市发展新模式。

创新型城市通常是指那些具有较强的自主创新和科技驱动能力、社会经济发展基础较好，能够对其他城市起到具有辐射和引领作用的城市。科技部、国家发展改革委制定的《建设创新型城市工作指引》指出，创新型城市是以科技创新为经济社会发展的核心驱动力，拥有丰富的创新资源、充满活力的创新主体、高效的创新服务和政府治理、良好的创新创业环境，对建设创新型省份和国家发挥显著支撑引领作用的城市。创新型城市的内涵体现在思想文化、发展模式和管理体制等方面，其内在含义主要是指在知识等创新要素驱动下，促使城市发展模式优化升级，不断刷新城市经济增长点，以帮助城市摆脱经济发展约束瓶颈，走上更高质量的可持续发展道路。本书认为，创新型城市是城市发展到高级阶段的产物，属于一种城市创新发展探索模式，这类城市创新资源高度密集、创新活动集中且创新主体活跃，创新环境优越，政府办事效率高，能够有效辐射和引领其他城市的一种新型发展形态。根据全球创新研究机构“2Thinknow”发布的 2022 年—2023 年全球城市创新指数，排名靠前的城市有英国伦敦、美国纽约、日本东京、法国巴黎等发达国家创新型城市，虽然我国有 40 个城市（不含台湾地区）进入了全球创新城市排行榜，但整体排名靠后，也在一定程度上反映出我国创新型城市与发达国家创新型城市相比仍有一定差距，创新型城市仍然处于探索成长阶段。因此，加快创新型城市建设不仅有助于打造城市创新发展新引擎，缩小与发达国家创新型城市之间的科技鸿沟，而且对于完善国家创新体系和建设创新型国家具有重大推动作用。

二、创新型城市发展模式相关研究

在城市生产发展过程中，科技创新发展引发知识与技术竞争，要求城市变革传统发展模式，即为城市经济发展寻求新的发展理念、新的生产方式以及新的增长点（Maryann and David，1999）。国外学者对创新型城市作出了分类，例如 Hall（2000）根据强调的重点不同将创新型城市分为文化型创新城市、工业型创新城市和服务型创新城市，文化型创新城市强调的重点在于文化对城市各领域的影响，工业型创新城市强调的重点在于发达的工业对城市的改变，服务型创新城市强调的重点在于优质的服务对城市环境的改善。Hospers（2003）提出按照经济与城市的发展历程将创新型城市分为技术创新型城市、文化智力创新型城市、文化技术创新型城市和技术组织创新型城市。杨冬梅等（2006）依据政府与市场在创新型城市发展过程中的不同地位和作用将创新型城市的发展模式分为政府主导型发展模式、市场主导型发展模式和混合型发展模式。杨冬梅等以城市发展的竞争力不同区分世界级创新中心城市模式、区域创新城市模式和非中心创新城市模式；以主导产业的不同区分高技术制造业创新中心城市模式和知识密集型服务业创新中心城市模式；以文化背景的不同区分单元文化下的创新型城市和文化交融下的创新型城市。基于以上发展模式，本书将创新型城市分类如下。

（一）政府主导式创新型城市

创新型城市的建设是长期性、复杂性与系统性兼具的综合过程，离不开多样化资源的汇集以及这些资源高效率与持续性的投入，更离不开地方政府的引导与支持。政府作为城市发展的管理者，往往在创新型城市形成与建设的过程中发挥着重要的作用。观察创新型城市的发展历程，可以发现只有极少数城市可以自发衍生出自主创新的能力，而大多数城市创新能力的提升则需要政府部门在多方面“自上至下式”的引导与支持（张剑等，2017）。在政府主导式创新型城市中，政府的作用尤为突出，主要表现在以下几个方面。

第一，早期的引导作用。资源禀赋的差异导致各城市的创新能力也存在良莠不齐的现象，为增强本地创新能力，地方政府利用信息优势与协调能力（杨思莹，2019），通过发布相应的政策引领本地创新活动的方向，如为某些高新技术产业提供更多的优惠政策，吸引其他的优质要素与人才资源，为相关企业提供更多的补贴以及更低的贷款利息等。通过这些方式汇集并引导这些资源流向需要进行创新的行业，提升创新能力，并由此形成差异化的创新驱动发展战略。多样化的信息来源以及前瞻性与宏观性的发展视野，使得政府部门可以未雨绸缪地规划契合本地资源禀赋的创新活动，为创新型城市的建设做好铺垫工作。

第二，弥补式的带动作用。创新型城市的创建需要大量活跃的创新主体，但创新活动的风险性与长期性以及市场失灵等现象的存在，导致影响创新活动基础的投资远远低于最优水平，结果可能会抑制企业创新开展创新活动的积极性。在这种情况下，政府需要承担起公共物品投资与建设的角色，如完善基础设施、开展职业教育以及提供安全稳定的社会环境。同时，政府还可以发挥自身的组织协调能力，积极地为企业和科研机构搭建沟通交流的平台，为理论创新与实践需要的结合提供渠道。

第三，营造良好的创新氛围。政府的政策引导与投资行为可以对市场创新主体起到鼓励与支持的作用，与此同时，政府还可以通过制定相应的惩戒措施，及时制止企业在创新活动过程中可能出现的违规行为，同时出台更为规范的专利保护措施，保证企业的创新活动可以得到合理的回报。

（二）市场驱动式创新型城市

随着经济全球化进程的不断深入，人口、资源与环境的矛盾问题成为全世界所面临的共性问题，在此背景下世界各国提出“创新型城市”的概念以期能够找到一条实现经济可持续发展的路径。城市发展的形态有低级和高级之分，创新型城市属于后者，在时代发展下应运而生，建设创新型城市需要协调城市的历史文化、地理资源、经济发展、创新体系和政策制度等多个方面，“量体裁衣”地探索各具特色的创新型城市发展路径（胡钰，2007；尤建新等，2012）。市场驱动式创新型城市发展模式的核心是市场驱动，市场在创新型城市的发展过程中起决定性作用，主要表现在其对资源的配置以及所营造出的创新环境（侯鹏等，2014），当各种创新要素集中于各城市，创新主体在追求利益最大化的基础上，不断寻求技术创新以应对市场竞争，自然而然地形成创新城市所具备的条件。创新型城市具有创新资源、创新机构、创新机制和创新环境四个基本要素，彼此形成一个相互作用的系统，在这个系统内部形成持久的自发的推动力，促进城市经济、文化和社会持续协调发展。首先，创新资源是创新活动的基础（宋洋，2017）。创新资源主要是指各种创新物质资源，包括科技、知识、人才、基础设施、信息、文化和资金等（刘红光等，2006）。创新资源是创新型城市形成的基础，同时也是创新的物质保障。其次，以企业、大学、研究机构、中介机构、政府部门以及产学研联盟、产业集群为代表的创新机构是创新活动的行为主体（白俊红和蒋伏心，2015）。创新主体是创新型城市建设的根本，其作用是举足轻重的，并居于核心地位，是重要的能动要素，同时完成创新活动。再次，创新机制是创新型城市建设的保障。创新机制包括促进创新活动的激励、竞争、约束、评价和监督等机制。创新机制能够保障创新活动顺利进行（解学梅和徐茂元，2014）。最后，创新环境是维系和促进创新的外在保障（傅晓霞和吴利学，2012）。创新环境可归纳为软环境、硬环境和外部环境：软环境主要包括政策和文化等；硬环境包括设施建设等；外部环境为国际环境。创新环境能够保证创新资源高效流动，实现创新资源的最优化配置和利用。

（三）产业带动式创新型城市

产业带动式创新型城市通常是以高新技术产业为主，与之相配套的产业同样在发展，因此就形成了高新技术产业带动相配套产业形成产业集群，进而形成创新产业集聚性创新型城市。产业发展对城市创新能力的提升作用主要依托于城市内部的产业集聚，产业集聚通过汇集来自多方的创新资源、争取政府政策与资金支持以及上下游的生产关联等方式为本地企业开展创新活动创造了有利的条件。具体而言，首先，汇聚各类创新资源，促进知识和技术的传播。产业集聚所产生的共享机制与规模优势吸引着周边地区的创新资源（李政和杨思莹，2019），本地企业可以充分吸收和整合各类知识与资源，提高企业创新的效率。其次，争取政府的政策与资金支持。主导产业或高技术产业的发展离不开政府的大力支持，某些产业的发展可能是自身演化的结果，但当这些产业不断发展壮大时，政府也会给予更多的支持。高技术产业关系着地区的发展潜力与竞争能力，政府为引导企业增加研发投入以及坚定发展高技术产业的信心，会增加相应的资金支持，向市场传递培育高技术产业的信号（李刚和余郁波，2021）。最后，产业间的关联有利于企业协同创新，产业聚集带来的竞争效应又促使企业加大创新投入。大量企业聚集带来的生存压力促使企业不断增加研发投入、降低产品成本，提高创新能力；而企业之间通过上下游的联系可以将创新能力传递到整个产业链，进而倒逼产业链上的其他企业也开展相应的创新活动，以此提升整体的创新能力。

（四）文化创意式创新型城市

文化创意式创新型城市的形成有赖于浓厚的城市文化底蕴以及较好的人文气息（徐细雄和李万利，2019）。城市的文化底蕴以及创意式的发展模式对城市创新能力的提升具有不可忽视的作用。从文化创意式的内涵与外延来看，文化本身就是一种资源，是一种潜移默化影响城市内部生产要素组合方式的隐形因素，而创意式的发展模式则是深度挖掘本地的文化资源，将其与现代元素和外来元素进行多样化的融合，由此形成本地创新的基本来源与原始动力（Lee and Rodríguez-Pose，2014）。从功能来看，文化自身的传递功能可以教育与培养本地人才。与此同时，文化底蕴也影响着人们的行为规范，若本地文化具有包容性和鼓励性，则可以使本地形成开放性与兼容性的创新氛围，人才的交流以及知识的溢出也能丰富本地的知识积累。另外，创新是一项失败率很高的活动，若没有鼓励冒险、支持创新的文化支撑，即使有再多的资源汇集，也很难形成活跃的创新氛围。

从文化创意的作用方式来看，文化创意强调运用本地独有的文化形式渗透到其他产业的生产活动中，实现不同产业生产的交叉。很多城市在发展的过程中通常会依靠单一产业的支撑，会忽视文化的作用，但很多经验表明，在产业升级以及城市转型发展过程中，文化往往发挥着意想不到的作用，如催生跨界性的新兴产业，诱导消费理念的改变，倡导个性化的产品生产等。可以说文化创意能够引导城市创新发展战略的方向，并通过汇集创新资源提升城市的创新能力。伦敦作为欧洲典型的文化创意之都和世界金融中心，在经济全球化当中扮演着重要的角色。近些年来，伦敦的金融行业发展虽然一般，但城市创新与产业结构的发展却表现得尤为亮眼，尤其是创意产业的快速发展为伦敦的社会经济发展提供了新的动力。伦敦城市创新品牌的深入发展使得市民创新意识和城市创新文化不断提升，同时城市创新战略目标与愿景也更加深入人心。

三、创新型城市评价体系相关研究

国外一些研究机构较为关注创新型城市评价体系方面的研究，倾向于构建一套适用于评估城市创新能力的综合评价指标体系。以下对几个全球范围内具有广泛影响力的城市评价报告作简要介绍。一是《全球竞争力报告》，该报告由世界经济论坛（WEF）于 1979 年起发布，主要构建了全球竞争力指数（GCI），用以反映世界各国（地区）竞争力情况。根据该机构发布的《2022 全球竞争力报告》，在统计的 141 个国家（地区）当中，新加坡和美国位居前列，中国则位列第 28 名，居金砖国家的首位，创新能力提升速度受到机构的多方认可。二是《世界竞争力年鉴》，该报告由瑞士洛桑国际管理发展学院（IMD）于 1986 年首次发布，主要用以评估世界上主要国家（地区）的国际竞争实力，在国际上具有较大的影响力和权威性。三是《欧洲创新记分牌》（EIS），该报告由欧盟理事会自 2001 年起制定并发布，主要用来评价欧洲各国的国家创新实力，该报告自发布以来不断修正，指标体系不断完善，研究范围也不断扩展，已从开始发布时的 17 个国家增加至 32 个国家。四是《全球创新指数》（GII），该指数由世界知识产权组织、康奈尔大学、欧洲工商管理学院于 2007 年提出，旨在衡量全球创新能力综合竞争力，也是目前国际上较为全面的指标体系评价报告之一。另外，国外其他学者也研究了相关的指标评价体系，如 Florida 等（2010）提出了包含技术（Technology）、人才（Talent）和包容度（Tolerance）的“3T 指数”，用以解释区域经济增长的内生动力，并用该指数评估对比了欧洲和美国城市的创新水平。

随着国家实施创新驱动发展战略以及建设创新型国家战略任务的提出，国内研究机构也开始总结国外的国家创新指标体系构建经验，与发达国家相比，我国研究国家创新指数起步较晚。中国科学技术发展战略研究院于 2011 年首次编制并发布《国家创新指数报告》，该指数报告旨在反映国家和地区的综合创新能力。中国人民大学于 2008 年发布《中国创新指数研究报告》，该报告主要对中国 2001 年—2007 年的 31 个省级创新指数进行了测算分析，将研究转向探索更适用于衡量中国城市创新能力的综合评价指标体系。国家统计局于 2013 年发布了《中国创新指数 CII》，以测算和评价我国创新能力指标体系。一些地方政府也纷纷开始构建城市评价指标体系以记录和评价城市创新发展情况。例如，2006 年深圳和上海分别推出了《自主创新型城市评价指标体系》和《张江园区创新指数》，旨在量化城市的创新能力。济南、福州和宁波等城市也发布了关于建设创新型城市试点综合评价指标体系的工作通知。国内众多学者也开始探索适用于衡量中国创新城市的指标体系（宋河发等，2010；陈媞，2012），综合运用主成分分析法（邹燕，2012；袁航，2019）、因子分析法（吴素春和聂鸣，2013；周晶晶，2013）、层次分析法（石忆邵和卜海燕，2008；惠宁等，2009）、综合评估法（方创琳等，2014）、数据包络分析法（寇明婷等，2014）、灰色聚类分析法（段利忠和刘思峰，2003）和熵值法（刘超和李慧娟，2017）等多种指标评价方法以测度城市创新能力，极大地丰富了我国城市综合评价指标体系和城市发展理论。对评估中国创新型城市影响力较大的有方创琳等（2014）构建的中国创新型城市综合评价指标体系和开发创新型城市综合评估动态监测系统，其对中国 287 个城市进行了较为全面的综合评价与检测，并对中国城市创新发展趋势作了基本识别和判断，同时指出中国创新型城市总体创新水平偏低，且产业、环境和体制等多种创新水平存在较大的空间分异特征。

第三节 企业创新相关研究综述

一、企业创新的概念与内涵

著名政治经济学家约瑟夫·熊彼特先生最先提出“创新”这一科学概念，随着时间的推移，“创新”的概念也得到了进一步的发展，成为指导经济学术理论探索和科学研究的重要理论焦点。Solow（1956）、Aghion and Howitt（1992）、Grossman and Helpman（1993）、Romer（1986）、Freeman（1987）等也对“创新”进行了相关研究，创新的研究理论与思想开始朝着多元化方向发展。

在熊彼特的定义下，创新是指“执行新的组合”，要构建一个新生产函数，将相关的生产条件、要素作为新组合引入企业生产体系中，而新的产品、新的生产流程、新的原材料、新的市场及新的管理方法等便是组成函数的重要要素（Schumpeter，1934；Fagerberg and Mowery，2005）。熊彼特在《经济周期》（20 世纪 30 年代出版）和《资本主义、社会主义和民主》（20 世纪 40 年代出版）这两本重要的著作中对创新的特点进行了整体性的深入阐述，使创新理论体系更加完善，他指出，创新是一个经济概念，并不只是一个强调技术的科学概念，也不只是技术上单纯的新发明。经济生活中出现的新事物都可称为“创新”，一般包括五种情况：一是制造出消费者所不熟悉的或具有新特征的新产品；二是采用新的生产方法，该方法在科学上有可能不是很成熟，也可能是商业上经销商品的一种方法；三是开辟国家和那些特定的产业部门尚未进入过的市场；四是“掠取”了新的生产原料与半成品的供给来源；五是创造一种崭新的工业组织形式，如打破或形成一种垄断，也有可能是实现托拉斯化（李晓明，2006）。

熊彼特的创新思想理论启迪并开创了人们对“创新”这个问题的深入

研究，认为资本主义经济的核心驱动力之一就是创新，这种创新思想正是经济持续健康发展的根源。倘若创新消失，资本主义体系也就随之灭绝了。与此同时，熊彼特发现，创新绝不单是企业的技术创新，制度创新也囊括其中，而信用制度的重要性是他对于制度创新所主要强调的。熊彼特去世后，追随他的学者对其开创的道路作了进一步规范和实证研究，形成了两条相对独立的学科研究路线：一是技术创新理论研究，以技术变革和技术推广作为研究基础，对科学技术和社会经济发展之间的联系进行深刻探讨，得出了一些十分具有代表性的结论；二是制度创新理论研究，基于制度改革和体制推进，强调了制度的安排及制度环境对于经济社会发展的影响。

对于创新的定义与概念，学者们在研究中有着不同的观点与结论。有的学者指出，创新代表着新思想的产生与实现（West and Farr，1990；Shalley and Zhou，2008；Damanpour and Schneider，2009）。大多数的专业文献一致认为创新具有两个基本维度：一是认为创新必须具备原创性（Bhatti et al.，2011）；二是认为创新必须是首次被采纳的（Borins，2000；Salge and Vera，2012）。创新是一个以构思新颖和成功实现为主要特征的非连续性破坏性活动，它指的是发明、创造或者重新发明新产品、新方法和新思维等复杂的过程（Mueser，1985；Walker et al.，2002），是目前已知的开放、持续变化着的一种复杂的创新系统（Kline and Rosenberg，1986）。对于应用创新的个体，这是一个主观概念，时而新颖时而并不新颖，前者针对个人，后者针对创新本身（Rogers，1995）。齐亚伟和陶长琪（2014）提出，对于企业内部生产要素的组合和其他创新体制结构的一种改进与变革称为创新主义，旨在建立一种全新的生产经营系统，该创新的经营体制需要包含较高的工作效率和较低的经营成本。从某种意义上来说，创新的过程就是将所有的知识、技巧、物质都转化成为被市场接受或者顾客满意的商品而实现旧的结构向新的结构动态演化的系统。

一些学者对熊彼特创新理论的发展重点关注技术创新视角。Enos（1962）基于行为发展过程的科学视角，提出技术创新主要指的是将技术发明项目选择、资本力量投入、组织机构设置、制订产业规划和打造创新市场等一系列行为相互结合使之成为一体的一种综合性科学研究成果，而新一代技术的研究、产生和推广应用便是其实质（柳卸林，1993）。技术创新旨在使企业营利，以企业适应国际市场需求发展为发展导向，生产要素进行重新分配，构建生产效率更高的经营系统，以此促进自主创新研究成果的商业性有效转化（傅家骥，1998；杨冬梅等，2005）。黄寰（2006）指出，企业的经济效益和发展目标是企业技术创新的基石，企业技术创新也需具有非连续性的特征，非连续性技术创新活动也应当同时关注社会经济社会效益和环境经济效益。从总体情况来看，上述各种论断都充分地证明了这一系列创新技术成果在商业化创新领域的广泛应用，是一项创新活动的终极目标。

二、企业创新的影响因素研究

企业的自主创新不管对于企业本身或者对整个社会的宏观经济发展来说都具有明显的正向影响（Ciftci and Cready，2011；Hirshleifer et al.，2013；赵武阳和陈超，2012；孙早和宋炜，2012；唐未兵等，2014）。自主创新是企业不断实现科学技术进步、增强企业的核心技术竞争力的一种重要手段，因而如何有效地准确识别并且找出影响企业自主创新的内外部环境因素，对于加快调动和加强培养企业的自主创新能力，促进经济健康稳定和社会可持续发展都将起着非常重要的战略推动作用。本书主要基于内部因素与外部因素两个基本维度来详细梳理影响企业创新的各因素。

关于企业创新领域的研究，国内外都已经积累了丰富的文献。影响企业创新的内部因素的研究结果大致可分为两类。一类是关于企业内部创新产生的资源性因素。Sirmon and Hit（2010）认为一个企业可以通过模仿、吸取和学习等方式来创造自己的资源，尤其是当企业在要素市场中购买所需要资源价格太高或者无法获得所需要的资源的时候。McDonough et al.（2006）指出全球化的企业网络能够为企业自身的技术创新提供更加丰富的信息资源和渠道，从而为企业打破国界的约束，知识与资源在全球化发展的时代背景下，能够在国内以及不同国家之间得到更大范围的推广与传播，通过学习国际化企业如何进行开发，明晰转移信息资源的整个过程，为企业高效利用互联网来远程管理分布在全国不同区域的新产品研发工作，以及利用创造资本杠杆的方法来获取关于企业创新工作相关信息提供所需要的帮助。Sirmon et al.（2007）的一项研究报告指出，当环境发生变化时，可能需要增加一些新的资源，也可能需要剥离一些资源。获取资源、积累资源与剥离资源给企业提供了开发机会以及有效发挥其竞争优势的实力基础，即通过将资源组合结构化从而为整个企业整合利用资源以及企业提升自主创新能力奠定部分基础，并且为企业提供战略变化特征的重要因素。朱桂龙和李汝航（2008）认为企业技术创新相对于一个企业所需要获得的资源途径的敏感性是随着一个企业规模的不同而发生变化的。另一类是能够影响企业自主创新的组织行为因素。Zhou（2005）曾明确地指出，中国的市场发展在各方面都存在很多机遇。企业家们如何识别、判断以及充分利用这些机遇，对整个企业技术创新能力的发展具有重要的影响。吴家喜和吴贵生（2009）认为组织外部的整合与组织内部之间相互依赖的程度呈现正相关关系，信任可以通过承诺对外部组织的整合产生间接影响，新一代产品开发的绩效也被这种相互依赖与承诺通过外部组织的整合间接影响。另外，公司的治理结构（冯根福和温军，2008；Ayyagari et al.，2011；鲁桐和党印，2014）、企业的产权性质（李丹蒙和夏立军，2008；李春涛和宋敏，2010；吴延兵，2012；唐跃军和左晶晶，2014）、风险资本（Chemmanur et al.，2014；陈思等，2017；温军和冯根福，2018）、公司规模与其市场集中程度（Vega-Jurado et al .，2008）等方面也是众多学者较为关注的影响企业创新的内部因素。

关于影响企业创新的外部因素，主要指企业所在地的政策环境及其所处的区域环境对于企业创新行为的影响（刘虹等，2012；盘宇章和寇宗来，2015；Mukherjee et al.，2017）。一是对企业自主创新产生直接影响的政策环境。许多学者研究了政策环境与企业创新的关系，他们认为良好的政策环境能够更好地激发企业积极参与产品创新活动的积极性（安同良等，2009；孟庆玺等，2016；符栋良，2017；Shao and Xiao，2019）。学者们认为产业政策（黎文靖和郑曼妮，2016；谭劲松等，2017）、财政政策（陈林和朱卫平，2008；Guo et al.，2016；夏后学和谭清美，2017；李万福等，2017）和税收政策（林洲钰和林汉川，2012；刘诗源等，2020）等政策工具已经成为政府宏观调控，降低企业技术创新障碍的一个重要方式（Bayar et al.，2016；冯飞鹏，2018）。Tassey（2004）认为企业技术创新的过程以及创新结果一般会存在公共性、外部性与信息不对称性等一些基本特征，因此企业在开展技术创新的过程中，经常会面临投资不足与市场失灵等方面的问题，政府就需要根据实际情况制定相应的政策来尽量减少或者彻底消除这样的外部性，而一些关于技术创新的补贴和税收相关优惠政策的实施就是政府鼓励企业开展技术创新的活动常规的激励方法与手段（Gonzalez and Pazo，2008）。在地区财政政策方面，钟凯等（2017）、杨亭亭等（2018）、曹希广等（2022）和苗文龙等（2019）指出政府财政补贴对企业技术创新来说，是一个重要的资金渠道，在一定程度上可以保障企业技术创新活动能够进一步深入与推进。Howell（2017）、王永贵和李霞（2023）也研究发现，政府财政补贴对于企业早期的创新项目具有较大的支持与促进作用。Jaffe and Le（2015）利用新西兰的数据进行统计分析，研究发现，接受政府财政补贴能够增加企业申请商标专利的概率，但是对企业申请商标权的概率影响并不明显，政府主要是采用亏损性补偿的方法来吸引基金参股的部分创投基金，从而对企业创新产生明显的正向影响与促进作用（董建卫等，2018）。但是，也有部分学者研究发现，政府对企业开展创新项目投资的内生激励比较缺乏（肖文和林高榜，2014），导致政府的财政补贴对于促进企业开展创新项目投资工作的效率并无太大影响（李万福等，2017），而且还在某些情形下会导致创新项目投资出现寻租行为并对企业价值造成损害（余明桂等，2016）。章元等（2018）利用多个高新技术企业的调查数据，研究发现政府对企业创新项目的补贴能够明显提高创新项目的投资与增加相关专利申请的数量，但是政府对企业创新项目的补贴在一定程度上仍然存在“挤出效应”，即接受政府补贴的企业在购买与引入新科技方面的投入明显增加，但是企业的自主创新活动反而会有所减少。在税收政策方面，Waegenaere et al.（2012）认为如果将公司的生产经营活动迁移到其他一些税率相对来说比较低的国家（地区），就会相应提高公司的 R&D 投资水平。林洲钰和林汉川（2012）也指出，税率下降政策以及研发费用抵扣政策均能够有效促进公司开展创新行为。陈洋林等（2018）研究认为，税收优惠政策能够对战略性新兴产业的创新投入产生显著的正面影响。

二是影响企业创新的区域环境。区域环境是影响企业创新发展的重要因素（Beugelsdijk，2007；Wang and Lin，2012；赵奇锋等，2018）。区域环境包括金融环境（解维敏和方红星，2011；Hsu et al.，2014；Cornaggia et al.，2015）、创新环境（Sternberg and Arndt，2001；Czarnitzki and Hottenrott，2009；Adhikari and Agrawal，2016）和基础设施环境（余泳泽等，2019；杨鸣京，2019；诸竹君等，2019）等外部环境因素。Zhou（2005）研究发现，企业所在的外部市场环境如果存在不确定性，就会严重影响企业的自主创新能力，但是产业动力的不同也会对企业技术创新产生不同的影响，其中技术波动与市场需求的不确定对基于技术与市场的技术创新产生正面影响，而市场竞争密度则会对基于技术的创新产生负面影响，对基于市场的创新产生正面影响。在经济全球化发展的市场背景下，企业发展既面临多种机遇，也面临诸多挑战。新发展阶段，我国正持续加大市场化改革力度，与此同时，现代信息技术的迅猛发展以及全球经济规模的不断扩张，共同促使当今世界逐步演变为一个紧密相连的经济体。

第四节　政策试点相关研究综述

我国十分重视科技创新对于国家发展的重要作用，制定并实施了一系列有利于促进国家创新发展的科技创新政策，以不断深化国家经济体制和科技体制改革。尤其是国家创新驱动发展战略和《国家中长期科技发展规划（2006—2020年）》实施以来，进一步明确了建设创新型国家和科技强国的国家战略目标与任务，掀起了全国创新和改革的浪潮。与此同时，各地政府为了促进城市创新能力和综合竞争实力纷纷提出了覆盖面广和涉及条目多的一系列创新激励政策（杨以文等，2018；安志，2019；寇宗来和刘学悦，2020），也引起了众多学者对中国创新政策的关注和研究，他们分别对创新政策的发展历程（刘凤朝和孙玉涛，2007；陈志，2018）、类型（张永安等，2015；李湛等，2019）和评估效果（赵莉晓，2014；陈强远等，2020）等方面作了大量的研究。创新是推动我国经济发展质量、效率和动力变革的关键（刘世锦，2017），创新政策是塑造区域创新环境和激发创新活力的重要手段，而建设创新型国家的关键着力点在于完善创新体制机制并构建更加精准的创新政策体系。以科技创新驱动国家高质量发展是破解当前经济发展瓶颈的重要选择，建立和完善国家创新政策体系不仅有利于更好地提升国家创新发展运行效率，激发创新活力，而且能够保障我国在全球化竞争中保持优势地位。

推进和完善国家创新政策体系的重点是以试点示范为抓手，以体制机制改革为重点，因地制宜地营造有利于创新的制度和政策环境（吕薇，2018）。在国家如此重视改革创新体系建设和推进改革试点的背景下，国内学者也纷纷聚焦一系列创新政策试点的研究，如创新型城市试点（王保乾和罗伟峰，2018；李政和杨思莹，2019）、技术创新工程试点（沙其富和赵菁奇，2015）、智慧城市试点（李智超，2019；张龙鹏和钟易霖，2020）、专利保险试点（龙小宁和林菡馨，2018）、国家自主创新示范区（熊曦和魏晓，2016；王双，2017；马宗国和张辉，2019）、自由贸易试验区（李光辉，2017；韩瑞栋和薄凡，2019）和知识产权保护中心（李勃昕等，2019）等。在试点城市研究方面，李政和杨思莹（2019）基于城市面板数据，实证检验了创新型城市试点工作对城市创新水平的作用效果。李智超（2019）基于试点推广的规律和逻辑，利用多种实证模型和方法，探析了我国智慧城市试点推广的多重逻辑性和规律性。龙小宁和林菡馨（2018）以专利保险试点作为外生冲击事件，研究了专利保险试点对上市公司创新的影响效果，解释了知识产权保护对于激励企业创新的重要作用。以上学者从试点角度入手，探析了创新政策试点对于城市和区域经济发展的重要影响，极大丰富了国家创新政策体系研究在试点创新制度方面的理论和经验。在示范区和试验区研究方面，王双（2017）通过研究国家自主创新示范区发展轨迹、演进趋势和特征，研究发现示范区具有“倒U型”的生命周期特性，并具有多重空间特征。熊曦和魏晓（2016）基于我国10个国家自主示范区样本，采用因子分析法构建了示范区创新能力评价指标，并指出示范区在促进创新要素集聚和产业结构优化等方面对区域创新能力所发挥的作用。李光辉（2017）研究指出自由贸易试验区是中国深化改革开放的重要“试验田”，在对接国际贸易发展、提高贸易效率和增强区域治理能力方面发挥着重要的排头兵和先锋引领作用。

有关国家创新型试点城市的政策文件出台后，一些学者开始对政策试点的有效性进行科学评估，主要集中于对创新城市试点建设在宏观层面的影响。李林（2018）利用全国地级市面板数据对51个创新型城市进行了来自城市层面的经济效应评估。李政和杨思莹（2019）研究了创新型城市试点工作对城市综合创新水平的影响，发现两者存在显著的非对称倒“V”型关系。聂飞和刘海云（2019）以国家创新型城市建设为背景，分析了对于中国FDI[①]质量提升的“回路效应”。陈晨和张广胜（2020）、张新月和师博（2022）侧重于考察创新型城市对属地创新能力和对地区经济高质量发展的提升效应。武倩和冯涛（2020）识别了创新型城市建设对城市生产率的影响，研究发现生产率效果存在地区差异化影响。

第五节　本章小结

本章系统阐述了国家创新型城市试点工作的制度背景，其中包括政策酝酿筹备阶段、政策正式出台阶段和政策扩大完善阶段，并总结了国家创新型城市试点工作相关文件的主要内容。通过进一步梳理和分析已有文献，本书发现以往学者在创新型城市、企业创新和创新政策方面进行了大量的理论分析和实证研究，并且在创新政策试点方面取得了一定的成果，为本书进一步研究国家创新型试点城市与企业创新之间的影响关系提供了丰富的文献支撑。但是，就已有文献来看，涉及国家创新型试点城市与企业创新之间影响关系的讨论，并未从微观层面深入研究该政策试点对企业

① FDI，Foreign Direct Investment，国际直际投资。

创新的理论分析，也未对两者之间的内在作用路径进行详尽的解释。具体体现在以下几个方面。

第一，关于企业创新领域的研究，国内外都已经积累了丰富的文献，既包括企业内部影响因素研究，如公司治理机制、企业产权性质、风险资本、公司规模与市场集中度，也包括企业所在地的外部因素对企业创新行为影响的研究，如金融市场发展、政府补助和税收优惠等财税政策、产业政策以及区域创新环境等方面的影响。这些文献大多数主要探讨企业内部或者外部的单一因素对企业创新的影响，较少有将企业内部影响因素与外部影响因素纳入同一框架中来探讨企业创新的影响。但是现实中的企业技术创新是多因素共同作用的结果，企业内部因素与外部影响因素互相交织在一起，共同影响着企业创新，因此，本书充分考虑到了这种情况，探讨企业内部因素与外部因素所发生的变化以及对企业创新的影响效应。

第二，自 Bianchini and Landry（1995）首次提出创新型城市的概念，国内外学者关于创新型城市的内涵和定义进行了大量的研究，但均未对创新型城市的概念形成统一认识。目前对创新型城市概念存在两种表述和理解："The Creative City"与"The Innovative City"。在西方学者的研究中更加强调创新理念、创意与创新文化，而国内学者的研究中更加强调技术、知识、人才与制度等创新要素。从既有文献来看，国内外关于创新型城市的研究主要集中在创新型城市内涵与功能、构成要素、发展模式、创新系统及评价体系等方面。阅读所及，较少文献关注创新型城市的经济效应评估，更多的是以案例的形式来探讨创新型城市的发展模式和社会效应，并且这些研究大多基于西方发达经济体的制度背景和社会发展状况。我国具有不同于发达经济体的制度设置与社会文化背景，创新型城市的概念内涵与系统机制也具有一定的特色。因此，采取严谨的实证方法对这一建设过程所产生的经济效应进行全面而科学的评估显得尤为必要。

第三，以往文献更多的是关注政策试点对创新的宏观影响，较少关注到创新型城市建设如何微观企业层面的创新效果。一些研究创新型城市政策的文献基本只是给出总体层面的经验解释，也没能详细探讨创新型城市政策的政府行为及其对创新活动的具体影响机制。杨仁发和李胜胜（2020）虽然分析了国家创新型城市对企业创新的作用机制，但并没有深入理论层面去探讨两者之间的影响关系，也未对国家创新型城市的整体发展情况和演变趋势进行深入分析和判断，这就导致他们在研究两者关系的过程中因缺乏完整的知识体系而未能形成系统性的研究框架。本书通过收集和整理中央与地方创新型城市的官方政策文件，对试点城市影响企业创新的政策效应、驱动效应和成本效应进行了详尽的理论解释，并进一步构建异质性企业垄断竞争模型，识别了国家创新型城市试点工作影响企业创新的数理关系；同时，本书将国家创新型城市试点工作影响企业创新背后的作用机制系统地展开理论分析，并采用严谨的实证策略对作用效果进行了检验。

另外，尽管已有文献也构建了国家创新型城市综合评价体系，但大多只是重点关注创新型城市指标的创新能力，较少有文献关注除了创新驱动力之外的支撑力和可持续力。本书通过构建创新型城市综合创新力，并进一步将综合创新力指标分解为创新驱动力、创新支撑力和创新可持续力，并将创新型城市划分为引领型创新型城市、先进型创新型城市和追赶型创新型城市，具体针对不同类型的创新型城市发展情况，作出更符合实际的分析与判断。

综上所述，本书拟基于中国的国家创新型城市试点工作的实践，将影响微观企业创新的内外部因素纳入同一框架之中，在理论分析的基础上，采用严谨的实证策略评估国家创新型城市试点工作对企业创新的影响效果，同时从政府行为和市场行为两大视角来综合探讨国家创新型城市试点工作影响企业创新背后的作用机制并且进行实证检验，以探索创新型城市发展的可行性路径和政策的有效性。同时，本书还通过系统整理多份中央和地方创新型试点城市的政策文件以及借鉴国内外具有影响力的相关创新指标，并对标新时代高质量发展要求对国家创新型城市创新指标进行修改和完善，从创新驱动力、创新支撑力与创新可持续力三个方面构建国家创新型城市综合创新力评价指标体系，以期对创新型城市的综合能力和发展潜力进行更加全面的认识和评价。

第三章　国家创新型城市综合评价与现状分析

第一节　国家创新型城市综合创新力评价指标体系

科技部和国家发展改革委于2017年委托第三方机构对之前已获支持的61个试点城市的建设工作进行了评估，评估结果认为，被选为试点的城市基本上完成了创新型城市建设的相关任务，实现了试点城市建设的目标，通过了科技部和国家发展改革委的验收。我国各地区的发展呈现出非均衡的态势，相应地，代表城市创新能力的高新技术企业和有效发明专利也不是均匀分布在各城市，而是大多聚集在少数城市。根据《国家创新型城市创新能力评价报告2023》，我国98%的高新技术企业和97%以上的有效发明专利汇集在我国的19个城市群，这些城市群构成了我国实施创新发展战略的重要支撑。

创新型城市的构建需要多方面因素的共同支撑。上述报告给出的创新能力排名比较靠前的城市，如深圳和广州等，不但汇集了大量的科研人员和高新技术企业，而且经济发展基础与生态支撑韧性都明显强于其他城市，与本地创新能力的培育构成了相互促进的优良态势。因此，在综合评价创新型城市的创新能力时，应将经济基础与生态治理也纳入评价体系，而不仅仅是从创新投入与产出的角度进行评价。

一、体系的构建

依据科技部和国家发展改革委发布的《建设创新型城市工作指引》，以及中国科学技术信息研究所编写的《国家创新型城市创新能力评价报告》，同时借鉴国内外诸多学者对城市创新能力评价的综合研究，吸收了众多学科的理论知识与实践方法（宋河发等，2010；方创琳等，2014），并按照我国现阶段高质量发展的迫切需求以及客观真实反映现实发展状态的要求，本书构建了国家创新型城市综合创新力评价指标体系。具体而言，本书将国家创新型城市综合创新力确定为目标层，以创新驱动力、创新支撑力与创新可持续力为一级指标，以知识创新力、技术创造力等 8 个指标为二级指标，以每万人普通高等学校在校学生数、人均生产总值及人均道路面积等 33 个指标为三级指标，构建了由国家创新型城市综合创新力评价指标体系，如表 3. 1 所示。本书通过综合创新驱动力、创新支撑力和创新可持续力的得分得到国家创新型城市综合创新力的排名。

表 3. 1 国家创新型城市综合创新力评价指标体系

一级指标	二级指标	序号	三级指标
A 创新驱动力	A1 知识创新力	X1	每万人普通高等学校在校学生数（人）
		X2	每百人公共图书馆藏书量（册）
		X3	国家重点实验室数（个）
		X4	公共教育支出占地区生产总值的比例（%）
	A2 技术创造力	X5	每万人就业人员中 R&D 人员数（人）
		X6	R&D 经费支出占地区生产总值的比例（%）
		X7	每万人拥有有效发明专利数（件）
		X8	高新技术企业数（家）占规模以上工业企业数（家）的比例（%）
	A3 成果转化力	X9	全年技术合同成交额占地区生产总值的比例（%）
		X10	新产品产值率（%）*
		X11	高新技术产业产值占工业总产值的比例（%）
		X12	全员劳动生产率（元/人）

表 3.1 续

<table>
<tr><th>一级指标</th><th>二级指标</th><th>序号</th><th>三级指标</th></tr>
<tr><td rowspan="10">B
创新支撑力</td><td rowspan="4">B1 经济基础力</td><td>X13</td><td>人均生产总值（元）</td></tr>
<tr><td>X14</td><td>人口城镇化率（%）</td></tr>
<tr><td>X15</td><td>就业率（%）</td></tr>
<tr><td>X16</td><td>城镇居民人均可支配收入（元）</td></tr>
<tr><td rowspan="3">B2 政策保障力</td><td>X17</td><td>政府是否出台了支持创新的文件或配套政策（是=1，否=0）</td></tr>
<tr><td>X18</td><td>政策不确定性</td></tr>
<tr><td>X19</td><td>政府科技支出占地方财政一般预算支出的比例（%）</td></tr>
<tr><td rowspan="3">B3 投资吸引力</td><td>X20</td><td>存贷款总额占地区生产总值的比例（%）</td></tr>
<tr><td>X21</td><td>进出口总额占地区生产总值的比例（%）</td></tr>
<tr><td>X22</td><td>实际使用外资金额占地区生产总值的比例（%）</td></tr>
<tr><td rowspan="11">C
创新可持续力</td><td rowspan="6">C1 基建可持续力</td><td>X23</td><td>人均道路面积（平方米）</td></tr>
<tr><td>X24</td><td>人均公园绿地面积（平方米）</td></tr>
<tr><td>X25</td><td>每百人互联网宽带接入用户数（户）</td></tr>
<tr><td>X26</td><td>人均电信业务总量（元）</td></tr>
<tr><td>X27</td><td>每万人医院数（个）</td></tr>
<tr><td>X28</td><td>高等教育学校数（个）</td></tr>
<tr><td rowspan="5">C2 生态可持续力</td><td>X29</td><td>空气质量优良率（%）</td></tr>
<tr><td>X30</td><td>单位电耗工业产值（元/千瓦时）</td></tr>
<tr><td>X31</td><td>单位生产总值工业废水排放量（万吨/亿元）</td></tr>
<tr><td>X32</td><td>单位生产总值工业二氧化硫排放量（万吨/亿元）</td></tr>
<tr><td>X33</td><td>单位生产总值工业烟（粉）尘排放量（吨/亿元）</td></tr>
</table>

注：新产品产值率 2011 年之前采用新产品产值，2011 年之后采用新产品销售收入。

（一）创新驱动力

创新的本质是发明、新颖和改变（陶长琪和徐茉，2021），是一个提供新产品、新技术，并由此获得商业价值的综合过程，因此可将影响创新知识产生、技术成果转化的因素视为创新驱动力，本书认为创新驱动力主要涵盖知识创新力、技术创造力和成果转化力三个方面。知识创新力可以由以下指标反映：每万人普通高等学校在校学生数、每百人公共图书馆藏书量、国家重点实验室数，以及公共教育支出占地区生产总值的比例，这些指标反映了城市对知识生产与传播的重视程度，是城市创新能力提升的原始动力。技术创造力是创新知识传播与应用的桥梁，可以由以下指标反映：每万人就业人员中 R&D 人员数、R&D 经费支出占地区生产总值的比例、每万人拥有有效发明专利数、高新技术企业数（家）占规模以上工业企业数（家）的比例。成果转化力越强，越有利于发挥创新知识的引领与创新技术的扩散作用，创新驱动发展的效果也就越明显。成果转化力可由以下指标反映：全年技术合同成交额占地区生产总值的比例、新产品产值率、高新技术产业产值占工业总产值的比例、全员劳动生产率。

（二）创新支撑力

创新能力的提升，如拥有更多的发明专利、高端的技术以及高效的生产效率，将为城市发展带来较长时期的“创新红利”。但创新能力的提升是一项高风险与高投入兼具的长期过程，离不开城市其他方面的支撑，如是否有夯实的经济支撑、稳定的制度保障以及广泛的交流空间等。为综合评价影响城市创新能力的外部支撑环境，本书主要从经济基础力、政策保障力和投资吸引力三个方面进行分析。经济基础力可由以下指标反映：人均生产总值、人口城镇化率、就业率，以及城镇居民人均可支配收入。政策保障力主要从政府的支持力度和政策的稳定性两方面展开分析，可由以下指标反映：政府是否出台了支持创新的文件或配套政策、政策不确定性，以及政府科技支出占地方财政一般预算支出的比例。投资吸引力主要从本地与外地交流程度（反映本地的商业环境）和吸引外来资本的情况

（外来资本可以充实本地企业生产需要的各种资源）两方面展开分析，可由以下指标反映：存贷款总额占地区生产总值的比例、进出口总额占地区生产总值的比例，以及实际使用外资金额占地区生产总值的比例等。

（三）创新可持续力

创新可持续力主要包括基建可持续力和生态可持续力。基建可持续力的提升有利于吸引创新人才，促进知识交流并激发创新思想的产生，可由以下指标反映：人均道路面积、人均公园绿地面积、每百人互联网宽带接入用户数、人均电信业务总量、每万人医院数、高等教育学校数。生态可持续力一方面增强了对创新活动的需求（生态可持续力越高的城市，对于技术水平的要求也比较高，对技术改进和产品创新的需求较大），另一方面通过吸引生产率较高的企业和专业的人才，改善当地的生产环境，可由以下指标反映：空气质量优良率、单位电耗工业产值、单位生产总值工业废水排放量、单位生产总值工业二氧化硫排放量、单位生产总值工业烟（粉）尘排放量。

二、数据来源与指标说明

（一）数据来源

构建评价指标体系的数据主要来源于2006年—2017年的《中国城市统计年鉴》《中国高技术产业统计年鉴》《中国统计年鉴》以及第六次全国人口普查数据和相关城市的统计公报等。

（二）指标说明

1. 上文所述的指标均以城市为度量单位，为避免受城市规模的影响，本书将部分总量指标除以城市人口数（为避免数值过小，以每万人作为单位），如普通高等学校在校学生数、拥有有效发明专利数、医院数等，由此得到城市每万人普通高等学校在校学生数、每万人拥有有效发明专利数、每万人医院数；将部分总量指标除以城市人口数（为避免数值过小，以每百人作为单位），如公共图书馆藏书量、互联网宽带接入用户数等，由此获得城市每百人公共图书馆藏书量、每百人互联网宽带接入用户数；部分总量则以人均形式表示，如人均道路面积、人均公园绿地面积等。

2. 部分反映城市创新力的指标，如高新技术企业数、全年技术合同成交额、高新技术产业产值并没有城市层面的统计数据。为避免数据缺失导致的结果不全面，本书借鉴 Hausmann et al.（2005）和 Xu and Lu（2009）的研究思路，以相关指标占本地区有关指标总值的比例作为城市以上指标在省际层面对应相关指标的权重，以此获得城市层面的相关数据。

3. 新产品产值率表示一定时期内（一年内）城市的新产品总值占城市产品总产值的比例；全员劳动生产率采用生产总值与城市就业人数的比值表示；政策不确定性表示城市主要官员任职时间。

4. 对于人口城镇化率指标，由于城镇人口数据在资料中统计不完全，在这里城镇人口和常住人口采用的都是第六次全国人口普查的相应数据。

5. 单位生产总值工业废水排放量、单位生产总值工业二氧化硫排放量和单位生产总值工业烟（粉）尘排放量均是从负面反映城市生态环境的支撑力，为此，本书在评估之前先将此类指标进行逆向化处理，即采用这些指标的倒数值表示。

第二节　国家创新型城市指数测算与分析

一、测算方法

在构建国家创新型城市综合创新力评价指标体系时，本书将影响创新投入与产出的知识资源，以及支撑创新活动顺利开展的经济和生态资源等因素均纳入评价指标体系，以全面客观地评价城市的创新能力与潜力。在具体的计算过程中，需要利用统计的方法确定指标权重。现有的文献主要通过研究者的主观赋值和利用数据特征的客观赋值两种渠道确定指标权重。主观赋值具有很强的主观性，会随着研究者学识背景的不同而呈现出不同的结果，导致指数的稳定性和权威性不足。为减少研究者主观赋值所带来的不确定性，本书采用客观赋值确定指标权重，即借鉴多数文献的做法，采用主成分分析法（Principal Component Analysis，PCA）测度各项指标在计算过程中的比例，因为该方法纯粹依靠数据推算而非主观判断，所以具有较强的客观性与稳定性。

（一）测算思路

主成分分析法本质上是一种化繁为简的数学处理方法，其思想是通过将原来 m 维的 Y 空间代替 p 维的 X 空间（$m<p$），利用几何转换的方式将原来多维度且相关的众多指标，转变为少数几个不相关，但不会损失原有基本信息的综合变量。在此基础上，再通过构造适当的线性函数，将这几个不相关的综合变量进行加总求和，得到最终的综合评价。

主成分分析法的基本计算过程是，利用 SPSS 25.0 计量软件将指标体系进行降维，将特征值大于 1 的因子设定为主成分因子，并以各因子的方差贡献率为系数，进行加总求和，可以得到少数几个不相关的变量。具体线性模型如下：

$$Y_1 = a_{11}X_1 + a_{21}X_2 + \cdots + a_{n1}X_n \tag{3.1}$$

$$\vdots$$

$$Y_n = a_{1n}X_1 + a_{2n}X_2 + \cdots + a_{nn}X_n \tag{3.2}$$

其中，X_1，X_2，…，X_n 表示原始数据经过标准化处理后的值，几个相关的变量通过降维处理后可以通过线性转化为一个因子。a_{1n}，a_{2n}，…，a_{nn}（$n = 1$，…，m）为对应各指标的方差贡献率。

（二）指标无量纲化

本书构建的国家创新型城市综合创新力评价指标体系中包含了 33 个三级指标，这些指标的计量单位存在很大的差异，而且有些指标从正面反映了城市的创新能力（即正向指标），有些指标则是从负面反映（即逆向指标），不能直接运用主成分分析法进行计算，需要提前对这些指标进行无量纲化处理。具体处理过程如下。

当指标为正向指标时，即其数值增加对国家创新型城市综合创新力具有积极影响时，第 i 个指标的无量纲化值 X_i 为：

$$X_i = \frac{x_i - x_{min}}{x_{max} - x_{min}}$$

当指标为逆向指标时，即其数值增加对国家创新型城市综合创新力具有消极影响时，第 i 个指标的无量纲化值 X_i 为：

$$X_i = \frac{x_{max} - x_i}{x_{max} - x_{min}}$$

其中，X_i 代表第 i 个指标无量纲化处理后所得值，简称第 i 个指标的无量纲化值；x_i 表示该指标的原始值，x_{max} 和 x_{min} 分别表示进行比较的相同指标中的最大原始值和最小原始值。经过无量纲化处理以后，每个指标的数值都在 0~1，极性一致，具有可比性。

（三）最终模型

在对指标进行无量纲化处理的基础上，使用 SPSS 25.0 计量软件对数据进行主成分分析，得到主成分因子的个数、因子值以及相应的方差贡献率。参考一般文献的做法，本书选用累积方差贡献率大于 80%的前 n 个主成分因子。得到主成分因子后，再计算每个主成分因子的方差贡献率与累积方差贡献率的比值作为权重，加权所有主成分因子，最后得到各城市综合创新力的评价指数。具体模型为：

$$Y = W_1 Y_1 + W_2 Y_2 + \cdots + W_n Y_n \tag{3.3}$$

其中，Y_1，Y_2，…，Y_n 是主成分因子的值，W_1，W_2，…，W_n 是 n 个主成分因子的权重，即每个主成分因子的方差贡献率与累积方差贡献率的比值。根据该模型，可以得到各个国家创新型城市综合创新力的评价指数，并基于该评价指数对所参与评价的国家创新型城市进行排序、比较和分析。

二、国家创新型城市综合评价结果

本书从创新驱动力、创新支撑力与创新可持续力三个方面构造了国家创新型城市综合创新力评价指标体系。因为三级指标数量太多，所以首先对每个指标做主成分分析，得到每个城市创新驱动力、创新支撑力和创新可持续力的因子得分，然后根据每个城市的因子得分取其平均值计算出国家创新型城市综合创新力评价得分。2006 年—2017 年国家创新型城市综合创新力评价得分如表 3.2 所示。

表 3.2　2006 年—2017 年国家创新型城市综合创新力评价得分

城市	年份												均值
	2006	2007	2008	2009	2010	2011	2012	2013	2014	2015	2016	2017	
北京市	1.36	1.40	1.73	1.71	1.69	1.76	1.78	1.81	2.12	1.85	1.94	2.11	1.77
上海市	1.05	1.34	1.27	1.39	1.40	1.56	1.47	1.39	1.45	1.44	1.41	1.41	1.38
深圳市	0.95	1.26	1.20	1.25	1.41	1.41	1.42	1.48	1.36	1.63	1.50	1.49	1.36
广州市	1.00	1.20	1.10	1.22	1.27	1.05	1.17	1.48	1.32	1.31	1.40	1.40	1.24
南京市	0.87	1.01	1.09	1.08	1.12	1.17	1.20	1.36	1.33	1.66	1.29	1.34	1.21
杭州市	0.85	1.06	1.20	0.99	1.14	1.09	1.26	1.36	1.18	1.23	1.42	1.41	1.18
天津市	0.92	0.99	1.17	1.25	1.09	1.13	1.29	1.48	1.28	1.14	1.16	1.20	1.17
苏州市	0.74	0.93	1.05	1.00	1.10	1.19	1.25	1.36	1.25	1.30	1.33	1.37	1.16
宁波市	0.89	1.06	0.92	1.15	1.17	1.29	1.06	1.23	1.10	1.26	1.23	1.32	1.14
嘉兴市	0.76	1.10	1.00	1.04	1.09	1.03	1.12	1.15	1.05	1.38	1.49	1.45	1.14
武汉市	0.82	1.01	0.90	1.07	0.97	0.94	1.13	1.33	1.32	1.44	1.32	1.20	1.12
厦门市	0.73	0.99	1.06	1.26	1.08	1.16	1.12	1.11	1.13	1.28	1.36	1.12	1.12
无锡市	0.72	0.86	1.04	1.10	1.21	1.31	1.08	1.01	1.08	1.19	1.18	1.60	1.11
西安市	0.94	1.00	0.92	0.91	1.08	1.30	1.04	1.08	1.13	1.22	1.53	1.13	1.11
长沙市	0.85	1.00	0.83	0.97	0.96	1.48	1.18	1.17	1.08	1.15	1.21	1.15	1.09
成都市	1.46	0.89	0.84	0.87	1.21	1.10	1.04	1.10	1.22	1.02	1.15	1.08	1.08
合肥市	0.65	0.72	0.94	1.27	1.32	1.17	1.20	1.13	1.01	1.12	1.31	1.08	1.08
南通市	0.59	0.83	1.08	1.02	1.24	1.02	0.91	1.05	1.10	1.26	1.51	1.24	1.07
大连市	0.90	0.84	0.95	1.08	1.18	1.11	1.07	1.19	1.03	0.99	1.18	1.24	1.06
沈阳市	0.82	0.77	0.89	1.00	1.10	0.98	1.12	1.50	1.27	1.20	1.05	0.98	1.06

表 3.2 续 1

城市	年份												均值
	2006	2007	2008	2009	2010	2011	2012	2013	2014	2015	2016	2017	
镇江市	0.73	0.86	0.89	1.11	1.04	1.18	0.90	1.01	0.99	1.11	1.20	1.39	1.03
青岛市	0.72	1.04	0.94	0.99	1.03	0.98	0.84	0.99	1.06	1.17	1.41	1.20	1.03
扬州市	0.79	0.90	0.85	0.96	0.92	1.03	1.01	0.93	1.12	1.35	1.17	1.27	1.03
贵阳市	0.87	0.87	0.77	1.17	1.09	1.57	0.94	0.87	0.83	0.93	1.12	1.21	1.02
郑州市	0.87	0.83	1.07	0.90	1.01	1.06	0.84	0.97	1.03	1.28	1.00	1.35	1.02
济南市	0.71	1.07	0.85	0.81	0.91	1.18	1.11	1.01	1.03	1.23	1.19	1.05	1.01
常州市	0.76	0.83	1.00	0.83	1.00	1.19	1.21	0.96	0.99	1.09	1.08	1.11	1.00
太原市	0.86	0.81	0.85	1.00	1.15	1.05	0.90	0.97	1.23	0.91	1.17	1.13	1.00
湖州市	0.80	1.09	0.76	0.75	0.90	0.98	0.97	1.16	1.10	1.02	1.08	1.33	0.99
海口市	0.63	0.69	0.88	0.94	1.06	1.03	1.06	0.91	1.00	1.01	1.04	1.38	0.97
重庆市	0.78	1.19	0.83	0.94	1.12	0.81	0.96	0.96	0.89	0.95	1.00	1.09	0.96
呼和浩特市	0.66	0.68	0.80	1.12	1.15	1.13	0.99	0.89	0.75	0.99	1.22	1.06	0.95
乌鲁木齐市	0.83	0.64	0.84	0.69	0.82	0.97	0.95	0.94	1.20	1.08	1.14	1.25	0.95
银川市	0.63	0.74	0.82	0.78	1.01	1.14	1.04	0.86	0.93	0.98	1.39	1.05	0.95
盐城市	0.91	0.82	0.77	0.77	0.85	1.01	1.09	1.11	0.87	0.90	1.04	1.21	0.95
福州市	0.69	0.80	0.86	0.91	0.98	0.91	1.13	0.91	0.90	1.04	1.04	1.04	0.93
兰州市	0.70	0.69	0.85	0.94	0.82	0.86	0.94	0.98	1.09	1.13	1.07	1.08	0.93
烟台市	0.83	0.69	0.81	0.84	0.92	0.90	1.15	1.00	0.92	0.94	0.97	1.14	0.93
昆明市	0.69	1.03	0.81	0.86	0.94	1.12	1.04	0.88	0.89	0.90	0.91	1.02	0.92
长春市	0.81	0.73	0.69	0.77	0.87	0.93	0.92	1.10	1.10	0.89	1.13	1.00	0.91
哈尔滨市	0.79	0.79	0.79	0.89	0.86	0.78	0.88	0.83	0.90	1.14	1.26	1.04	0.91
泰州市	0.74	0.78	0.83	0.77	0.90	0.91	1.02	0.98	1.02	0.87	0.96	1.13	0.91
南昌市	0.81	0.80	0.92	0.78	0.90	0.78	0.89	0.91	1.08	0.97	0.99	0.99	0.90
济宁市	0.73	0.71	0.80	0.77	0.78	0.78	0.77	0.82	0.82	1.02	1.05	1.51	0.88
西宁市	0.63	0.77	0.72	0.75	0.90	0.91	0.89	0.92	1.05	0.97	0.92	1.09	0.88

表 3.2 续 2

城市	年份												均值
	2006	2007	2008	2009	2010	2011	2012	2013	2014	2015	2016	2017	
宜昌市	0.66	0.69	0.75	0.83	0.92	0.85	0.79	1.04	0.87	0.88	1.14	1.10	0.88
南宁市	0.63	0.70	0.79	0.86	0.72	0.88	1.01	0.87	0.83	0.96	1.01	1.21	0.87
石家庄市	0.81	0.66	0.75	0.85	0.71	0.80	0.86	0.84	0.91	1.05	1.17	0.97	0.86
宝鸡市	0.58	0.69	0.92	0.64	0.65	0.94	0.92	0.89	0.80	0.94	0.94	1.41	0.86
襄阳市	0.56	0.83	0.62	0.68	0.78	0.80	0.72	0.75	0.96	1.24	0.88	1.13	0.83
连云港市	0.65	0.70	0.73	0.71	0.99	0.80	0.84	0.37	0.94	0.97	0.89	1.20	0.82
包头市	0.75	0.66	0.76	0.84	0.92	0.72	0.80	0.94	0.76	0.77	0.88	1.00	0.82
秦皇岛市	0.70	0.94	0.80	0.70	0.76	0.98	0.97	0.74	0.73	0.76	0.77	0.90	0.81
洛阳市	0.64	0.68	0.73	0.70	0.73	0.96	0.72	0.83	0.84	0.97	0.91	0.93	0.80
萍乡市	0.64	0.49	0.56	0.52	0.69	0.83	0.83	0.77	0.80	0.94	1.28	0.96	0.78
遵义市	0.69	0.81	0.65	0.56	0.67	0.79	0.70	0.71	0.95	0.76	0.86	1.07	0.77
景德镇市	0.67	0.53	0.64	0.69	0.76	0.84	0.71	0.77	0.74	1.12	0.79	0.95	0.77
南阳市	0.65	0.54	0.76	0.83	0.72	0.79	0.63	0.74	0.81	0.84	0.90	0.97	0.77
唐山市	0.73	0.54	0.63	0.59	0.83	0.85	0.68	0.82	0.76	0.78	0.92	0.92	0.75
东部地区	0.81	0.92	0.97	1.00	1.07	1.09	1.09	1.11	1.11	1.17	1.21	1.26	1.07
中部地区	0.73	0.75	0.78	0.85	0.90	0.94	0.89	0.96	0.95	1.05	1.08	1.08	0.91
西部地区	0.79	0.84	0.81	0.83	0.92	1.03	0.96	0.92	0.98	0.99	1.09	1.14	0.94
整体均值	0.78	0.86	0.89	0.93	0.99	1.04	1.01	1.03	1.04	1.10	1.15	1.19	1.00

资料来源：作者根据各城市年鉴和统计局的数据进行测算后得出。昌吉市和石河子市数据缺失严重，故舍去。

基于主成分分析法评估得到的国家创新型城市综合创新力评价得分是一个相对值。具体而言，将综合创新力的均值定为 0，每个城市的得分或高于或低于整体均值，若高于整体均值，则得分为正，如北京市高于均值 0.77 个单位，其综合创新力得分为 0.77；若低于整体均值，则得分为负，如唐山市低于均值 0.25 个单位，其综合创新力得分为-0.25。综合创新力评价得分反映的是各城市相对于均值的差异，并不能直接进行对比分析。

为了能更直观地展示样本区间内国家创新型城市综合创新力的发展情况和各城市之间的创新水平差异，本书将各城市的分值整体向上平移一个单位（城市创新综合力得分最低为-0.25，平移一个单位的目的是确保最低值大于0），平移后的数据结果即为最终的国家创新型城市综合创新力的评估结果。后文中关于国家创新型城市综合创新力，以及创新驱动力、创新支撑力和创新可持续力的内容均以分值平移后的结果为数据基础。

第三节　国家创新型城市趋势研判与分析

一、批复前后差异分析

从时间趋势上来看，表3.2给出的2006年—2017年59个国家创新型试点城市的平均综合创新力从0.78上升到1.19，年均增长3.91%，整体上升趋势明显。从批复前后综合创新力均值比的变动趋势来看（见图3.1），各创新型试点城市批复后均值明显高于批复前均值（折线值均大于1），这表明国家创新型城市试点工作对城市综合创新力的提升具有一定的激励作用。59个国家创新型试点城市中有12个城市位于西部地区，17个城市位于中部地区，30个城市位于东部地区。增长幅度排名明显高于综合创新力排名城市中，东部地区城市有10个，中部地区城市有9个，西部地区城市有7个。结合以上两组数据可知，西部地区有一半以上的创新型城市综合创新力提升比较明显，如银川市和乌鲁木齐市，这两个城市2006年—2017年综合创新力均值排名分别为第34位和第33位，但均值比排名分别为第2位和第5位。增长幅度排名明显低于国家综合创新力排名的城市，东部地区有20个，中部地区有7个，西部地区有5个，成都市、秦皇岛市、重庆市的增长幅度较小。可以预测，随着时间的推移，国家创新型试点城市综合创新力之间的差异将会呈现出不断缩小的趋势。

二、区域差异分析

从区域差异上来看（见图3.2），2006年—2017年，国家创新型城市

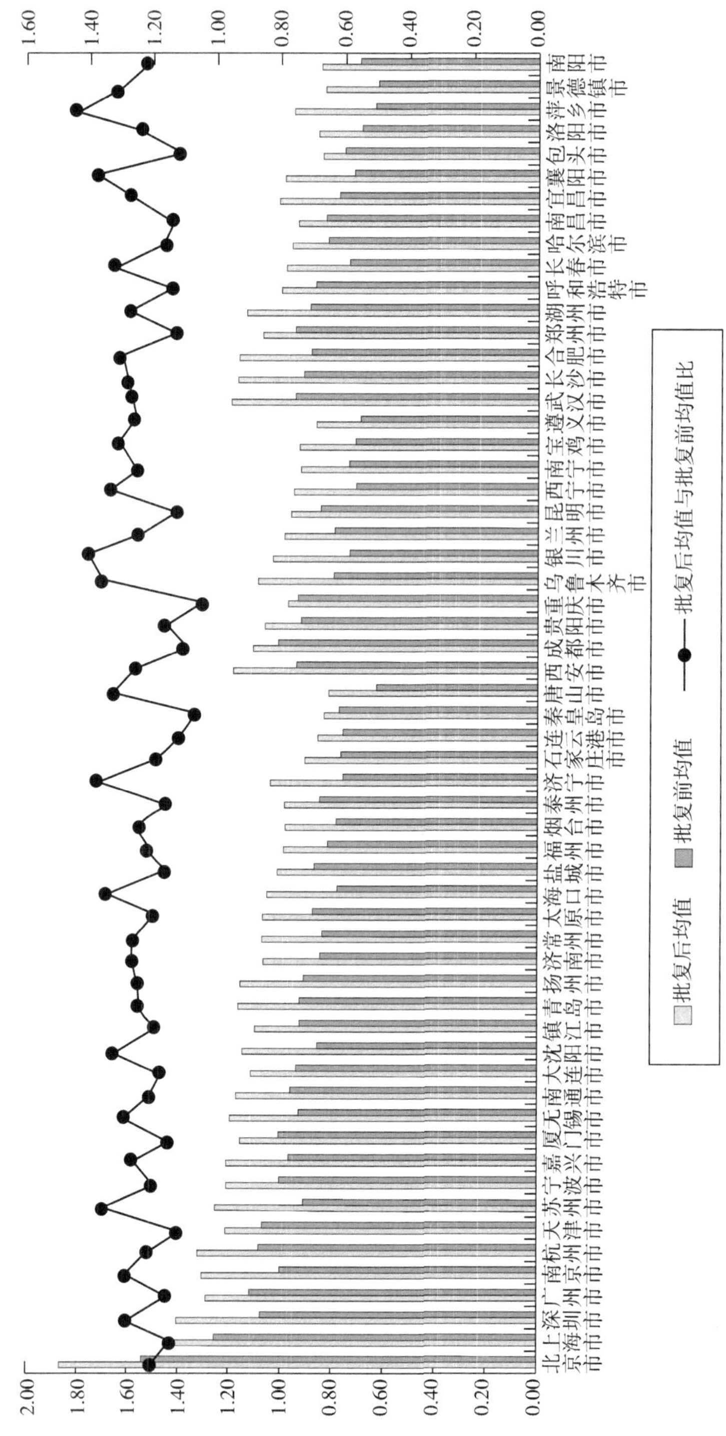

图 3.1 国家创新型城市批复前后各试点城市综合创新力变化

综合创新力的区域差异仍然存在，且呈现出“东部高、中西部低”的特征。具体而言，本书将59个国家创新型试点城市按照所属区域划分为东部地区、中部地区与西部地区，2006年—2017年东部地区创新型城市综合创新力均值为1.07，高于总排名均值（1.00），中部地区和西部地区创新型城市综合创新力均值分别为0.91和0.94，低于总排名均值，更低于东部地区。从变化趋势来看，虽然东部地区创新型城市与中部地区创新型城市的综合创新力的差距始终存在，但是这种差距并没有呈现出逐渐扩大的趋势，而且相对于中部地区而言，西部城市综合创新力表现出后来者居上的趋势。创新能力作为促进本地经济发展的基础动力，若能较大幅度地提升中西部地区城市的创新能力，则可以进一步改变当地发展的原有模式，提高生产效率，改善生态环境，为促进区域间协调发展奠定良好的基础。因此，在区域发展不平衡且差距一直存在的背景下，西部地区一些欠发达的城市和地区，应重视创新驱动发展的战略，积极促使创新成为本地发展的原动力。

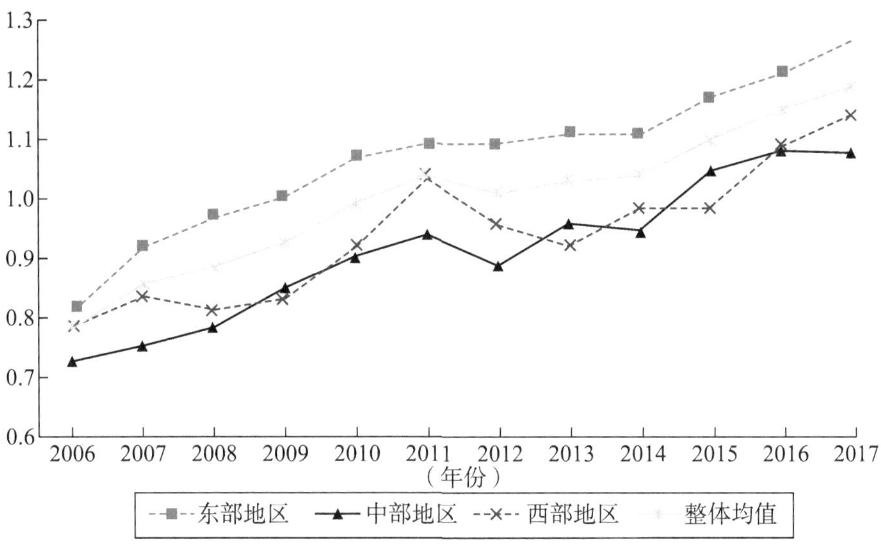

图3.2　分区域国家创新型城市综合创新力变化趋势

三、城市排名差异分析

国家创新型城市试点工作的逐步推进，在一定程度上促进了各城市综合创新力的提升，但区域之间的创新能力差距一直存在，且城市综合创新力得分在2006年—2017年间仍然呈现出一线城市、省会城市、东部沿海城市、非省会城市依次降低的状态，虽然有部分中西部地区城市的综合创新力提升很快，但综合实力的弱化使得城市综合创新力已经出现了半固化的趋势。

根据表3.2，从各试点城市综合创新力评价得分的具体排名情况来看，北京市、上海市、深圳市、广州市等一线城市的综合创新力位列全国创新型城市的第一梯队。从创新驱动力、创新支撑力与创新可持续力的相应指标来看，这些城市的表现大幅强于国内其他城市。尤其是北京市，北京市凭借其极为丰富的科教创新资源，在衡量创新实力的关键指标上优势明显。

杭州市、天津市、苏州市、宁波市、嘉兴市与武汉市等城市的综合创新能力位列第6位至第11位。这些城市大多汇集了较多的创新资源，如拥有比省内其他城市多的普通高等学校，同时高新技术企业为了获得更大的市场规模也多选择这些城市，进而使得这些城市成为创新能力的高地。例如，杭州市紧邻上海市，是“沪嘉杭G60科创走廊”的中心城市，不但自身拥有较多的创新资源与较强的创新能力，而且与周边城市也形成了良好的资源互动，为进一步吸引高科技企业与培育高端人才创造了良好的条件；天津市的国家级科研机构及产业化基地、分支机构超过150家，国家高新技术企业超过5000家，自主创新能力不断提升；武汉市在汇聚创新资源、成为创新高地的基础上，发挥了对周边城市创新活动的辐射效应。

萍乡市虽然排名倒数第4位，但其增长幅度很大。在获批成为国家创新型试点城市以后，萍乡市在产业技术、创新能力、创新主体、人才培养以及创新成果惠民行动等方面积极展开对应的提升行动，极大地改善了当地的创新氛围与创新环境，为创新能力的提升奠定了良好基础。

四、综合创新力分解分析

为进一步探析创新驱动力、创新支撑力和创新可持续力三个指标在创新型城市综合创新力提升过程中的作用，本书将国家创新型城市综合创新力进行分解，如图 3.3 所示。从图中可知：国家创新型城市的综合创新力与创新驱动力的变化趋势基本一致；创新支撑力先是弱于综合创新力，随后逐渐增强，成为提升城市综合创新力的重要力量；创新可持续力先是强于综合创新力，随后逐渐减弱，成为城市综合创新力提升的阻碍因素。

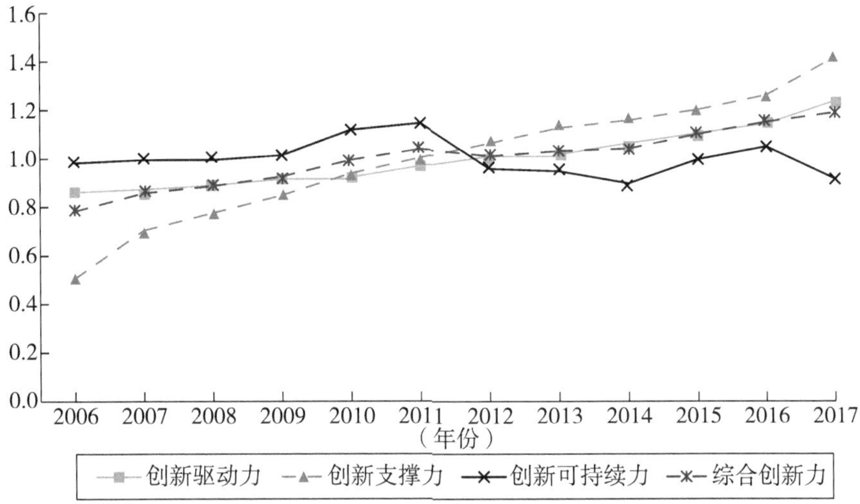

图 3.3　国家创新型城市综合创新力分解图

创新驱动力、创新支撑力与创新可持续力是相互作用的，共同构成城市综合创新力的基础。创新驱动力是城市综合创新力的核心内容，只有当城市创新驱动力较强时，才能为城市创新活动提供丰富的人才、创造多样化的知识并将知识转化为实践的能力，为当地经济的快速发展和生态环境的保护提供技术支撑。创新支撑力是促进城市综合创新力提升和经济发展的重要基础，经济的发展与投资环境的改善可以为城市创新活动的顺利开展提供充足的资金，还能促使互补性与竞争性市场氛围的形成，而政策支持能够创造有利的外部环境，引导城市创新的方向。创新可持续力是城市综合创新力提升的环境支撑，若城市创新可持续力比较弱，城市可用于创新的资源则需首先用于基础建设与环境治理，因而可能会挤占城市综合创新力提升的空间。因此，只有当创新可持续力较强时，才有可能基于现有的环境强化创新活动的适用性，从而夯实城市的创新驱动力与创新支撑力。

国家创新型城市的发展离不开创新驱动力、创新支撑力与创新可持续力的有机协调，图 3.4~图 3.6 分别为国家创新型试点城市创新驱动力与创新支撑力气泡图、创新支撑力与创新可持续力气泡图、创新可持续力与创新驱动力气泡图，从图中可以发现，多数城市在创新驱动力、创新支撑力与创新可持续力三个方面的发展较为协调，存在明显的正相关关系。创新支撑力在一定程度上反映了本地经济发展程度与政府对创新活动的支持力度，从图 3.4 可以看出北京市、上海市、深圳市、杭州市、南京市与广州市位于第一梯队，而南阳市、景德镇市与萍乡市的创新驱动力与创新支撑力都位于末端；进一步分析发现，西北地区多数城市的创新支撑力的发展情况要弱于创新驱动力，如西安市、兰州市和银川市，这三个城市的创新驱动力排名分别为第 5 位、第 10 位和第 14 位，而创新支撑力的排名却比较靠后，分别为第 34 位、第 40 位和第 41 位。东部沿海地区城市的创新支撑力则要强于创新驱动力，如苏州市、无锡市、宁波市和青岛市，创新支撑力排名分别为第 3 位、第 6 位、第 9 位和第 18 位，创新驱动力排名则分别为第 18 位、第 29 位、第 27 位和第 44 位。

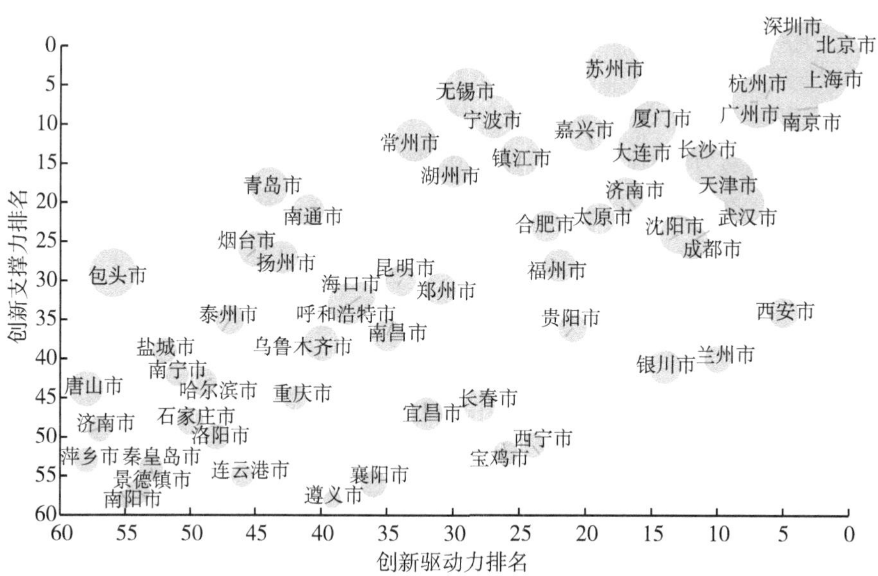

图 3.4　创新驱动力与创新支撑力气泡图

由图 3.5 可知，创新支撑力与创新可持续力之间的关系更为分散，如天津市、合肥市、重庆市等的创新可持续力排名较为靠前，但其创新支撑力排名则相对落后，常州市、烟台市、福州市和唐山市的创新可持续力排名与创新支撑力排名相比则比较落后。这表明，忽视创新可持续力的提升，在一定程度上可能会成为城市创新驱动力与创新支撑力提升的阻碍。

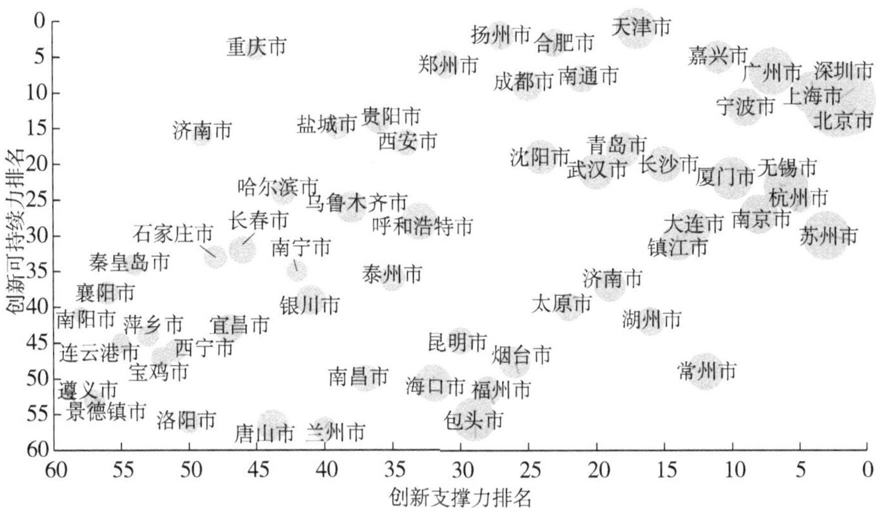

图 3.5　创新支撑力与创新可持续力气泡图

由图 3.6 可知，创新驱动力与创新可持续力得分之间的关系也较为分散，如北京市、上海市、深圳市、南京市的创新驱动力排名位列前茅，但是其创新可持续力的排名相对靠后，分别为第 13 位、第 10 位、第 11 位和第 27 位。与之相反，扬州市、重庆市和南通市的创新可持续力排名靠前，但其创新驱动力排名相对靠后。天津市、广州市和成都市的创新可持续力和创新驱动力的排名都比较靠前，说明创新可持续力与创新驱动力在这些城市共同发挥了作用。

第四节　国内典型创新型城市现状分析

通过前文分析可知，国家创新型试点城市根据其创新驱动力、创新支

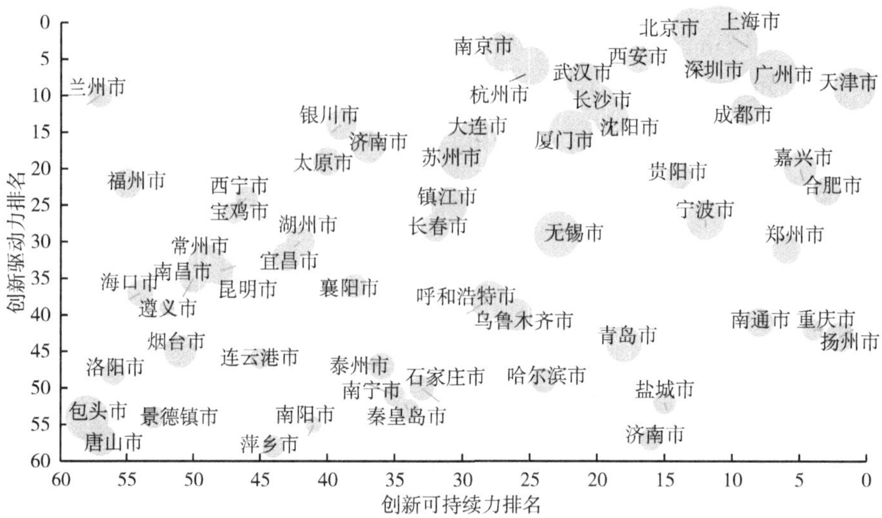

图 3.6　创新可持续力与创新驱动力气泡图

撑力与创新可持续力情况，积极探索契合本地自然资源与产业结构的创新驱动发展道路，塑造了我国不同地区不同发展路径的创新格局。本节将创新型城市划分为引领型创新型城市、先进型创新型城市和追赶型创新型城市，并将三者进行对比分析，以充分了解不同类型创新型城市提升创新能力的独特性。

一、引领型创新型城市

根据前文的数据，北京市、上海市、深圳市与广州市的城市综合创新力较强，本书将其归入引领型创新型城市之列，其综合创新力分解如图 3.7 所示。从图中可以看出，这些城市的创新驱动力、创新支撑力与创新可持续力较为均衡。

从创新驱动力项下的三级指标来看，截至 2017 年年底，北京市拥有的创新资源远高于其他三个城市，如北京市拥有 85 个国家重点实验室，而上海市仅有 33 个，广州仅有 12 个；北京市的每万人就业人员中的 R&D 人员数占比最高，即每万人就业人员中有 591 名是科研工作者，高于上海市的 172 名、广州市的 186 名和深圳市的 99 名；北京市和深圳市的每万人拥有

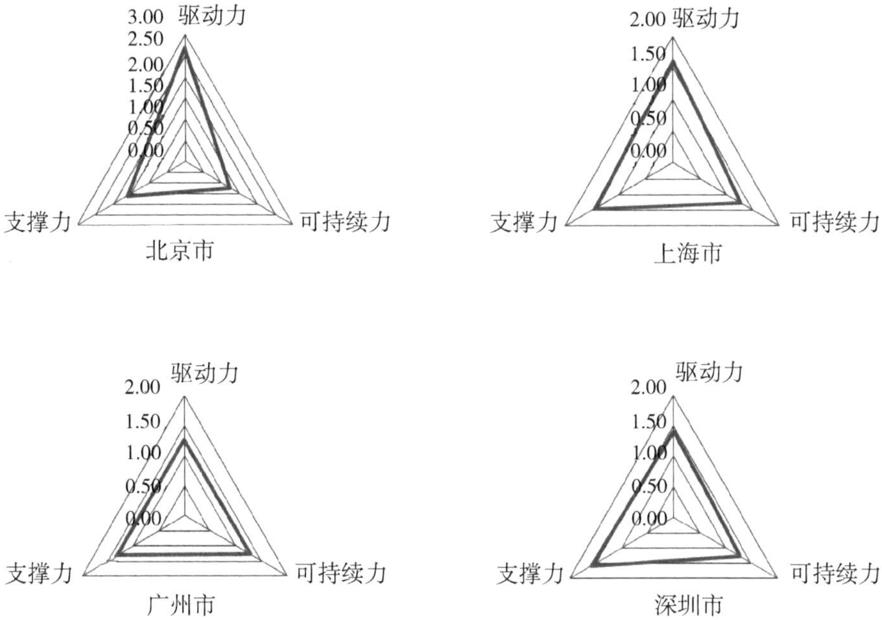

图 3.7　引领型创新型城市综合创新力分解

有效发明专利数分别为 23 和 18，分别排名第 1 位和第 2 位。虽然上海市、深圳市和广州市的综合创新力略逊于北京市，但是其创新投入和成果明显强于国内其他城市。例如，深圳市每百人公共图书馆藏书量最多，为 393.4 册，而上海市该项指标值为 337.7 册。

从创新支撑力来看，北京市、深圳市与上海市分别位列第 1 位、第 2 位和第 4 位，广州市则位列第 7 位，略低于其他引领型创新型城市。从创新支撑力项下的三级指标来看，北京市和广州市的进出口总额占地区生产总值的比例远高于其他城市，广州市和深圳市的人均生产总值排名前两位，北京市和上海市的城镇居民人均可支配收入水平也明显高于其他城市。

从创新可持续力来看，广州市排名第 7 位，上海市和深圳市分别排名第 10 位和第 11 位，而北京市表现稍差，仅排名第 13 位。

虽然这些城市的创新能力强于其他城市，但其依然在为提升创新能力做进一步的努力。例如，北京市提出要建立企业主导产业技术研发创新的体制机制，强化企业技术创新主体地位；上海市提出要全面提升在沪国家重大科技基础设施的建设与运行效率，持续保持领先的技术水平和服务能级，建立健全社会多方参与的设施投入机制，进一步增强设施服务地方产业发展和科技创新的支撑能力；广州市则是从激发社会组织创新能力方面发力，通过促进社会组织的发展与相关服务功能的发挥，为创新能力的提升提供更多的便利和支撑，并且加强对自主创新型企业的扶持力度，强化企业在创新活动过程中的主动性与能动性，并尽可能地为企业创新提供自由空间与政策支持。

二、先进型创新型城市

从国家创新型城市综合创新力排名来看，杭州市排名第 6 位、宁波市排名第 9 位、武汉市排名第 11 位、西安市排名第 14 位，本书将其归入先进型创新型城市之列，其综合创新力分解如图 3. 8 所示。从图中可以看出，这些城市的创新驱动力、创新支撑力与创新可持续力虽然分布得也较为均匀，但普遍低于引领型创新型城市。创新力作为经济发展的动力源泉，可以直接促进城市的发展，同时也可以通过城市间的关联辐射周边地区的发

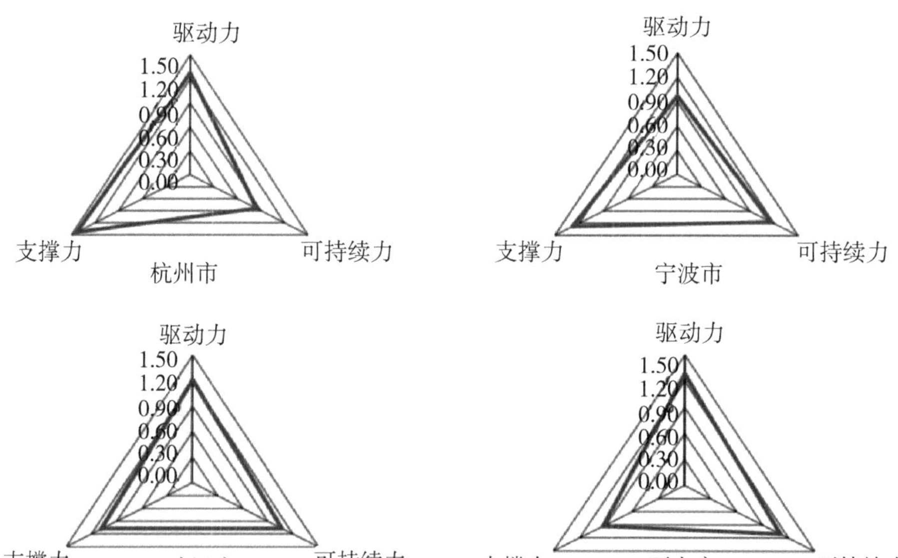

图 3. 8　先进型创新型城市综合创新力分解

展，以此激发整个地区的经济活力。上述城市的科教资源相对丰富，人才、治理密集优势也比较明显，在成为国家创新型试点城市以后，资金投入、人才培育、平台建设以及高新企业的数量均有了较大幅度的提高。

据了解，西安市高新企业数量占全省的比例超过 80%，长沙市“十三五”期间研发经费投入从 172.75 亿元增长到约 340 亿元，技术合同成交额增长近 10 倍，高新技术企业也从 2016 年的 900 余家增长到 2020 年的 4000 余家。“十三五”期间，杭州自主创新能力持续增强，研发经费投入、研发经费支出占地区生产总值的比例等持续增加。武汉市是我国科教资源较为丰富的城市，拥有武汉大学、华中科技大学等知名院校，由高校聚集的超过百万名在校大学生也是武汉市创新能力提升的内生动力。此外，武汉市创新成果的转化率也比较高，在市政府的支持与引导下，武汉市内的科研机构与来自省内外的企业签订了众多合作项目。宁波市坚持将创新型城市建设作为推动区域高质量发展的重要举措，根据自身的产业基础和区位优势，把握新一轮科技革命和产业变革趋势。

三、追赶型创新型城市

萍乡市的综合创新力排名第 55 位，襄阳市排名第 50 位，济宁市排名第 44 位，银川市排名第 34 位，但在成为国家创新型试点城市以后，这四个城市是综合创新力增幅最大的城市（萍乡市、银川市、襄阳市、济宁市排名前四），本书将其归为追赶型创新型城市，其综合创新力分解如图 3.9 所示。从图中可以看出，这四个城市的创新驱动力、创新支撑力和创新可持续力远远低于引领型创新型城市和先进型创新型城市，但在成为试点城市以后，在发展条件有限的基础上，地方政府积极培育创新潜力，成为提升迅速的地区。萍乡市通过召开市政府与本地高校合作沟通的联席会议、搭建不同产业间沟通合作的桥梁、企业技术需求与科研单位成果应用的沟通对接等方式，形成知识与技术生产（高校）、应用（企业）以及推广普及（产业发展）的闭环流通网络，推动企业自主创新能力的快速提升。襄阳市积极建设科技共享平台，引导本地资源整合优化，并支持本地企业与本地高校和科研机构建立理论研发与实践应用相互促进的合作关系，由此形成企业实际需求倒逼科研发展与科技创新指导实践需要的良性互动模式。银川市加大创新政策培训力度，提升企业创新能力；建立良好的创业运营机制，充分发挥龙头企业主体带动作用，为科技创业打造平台；市财政设立科技特派员专项和创业贷款担保资金，引导科技特派员沿产业链开发创业链，不断孵化企业、壮大产业。济宁市引导企业与高校和科研机构进行精准对接，引进一批高校院所在济宁设立分支机构，解决企业的人才需求，突破一批“卡脖子”的技术，为企业创新提供动能。

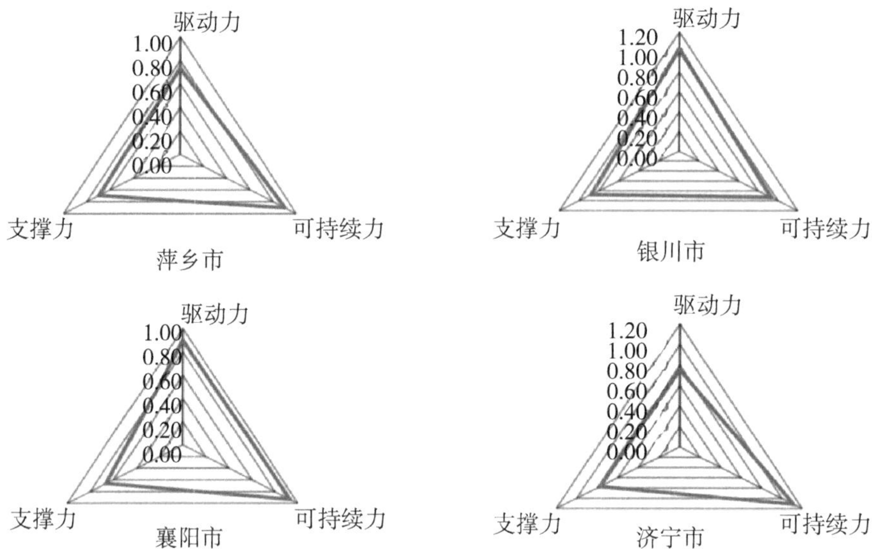

图 3.9　追赶型创新型城市综合创新力分解

第五节　本章小结

本章在梳理国内外相关城市创新评价指标体系的基础上，综合吸收了多学科理论知识和方法，构建了较为科学的国家创新型城市综合评价指标体系。在研究和构建一个综合性指标框架体系的同时，坚持客观性、系统性、精简性等原则，确定以国家创新型城市综合创新力为主要目标层，以创新驱动力、创新支撑力和创新可持续力三个指标作为一级指标，以知识创新力、技术创造力等8个指标为二级指标，以每万人普通高等教育学校在校学生数、人均生产总值和人均道路面积等33个指标为三级评价指标，构建了一套多类别、多要素和多层次的国家创新型城市综合创新力评价指标体系。在基于综合创新力评价指标体系的基础上，还对国家创新型城市的时间发展趋势、地区差异、试点城市总排名和综合创新力分解等情况进行了较为全面的深入分析和评价。通过研究发现，国家创新型城市试点工作的逐步推进，在一定程度上促进了各试点城市整体综合创新力的提升。创新型试点城市批复后相关指标均值明显高于批复前均值，表明了国家创新型城市试点工作对城市综合创新力的提升具有显著的激励作用。需要指出的是，区域之间的创新能力差距一直存在，虽然部分中部和西部地区的城市的创新能力提升很快，但由于综合基础实力的弱化使得城市综合创新力已经出现了半固化的趋势。另外，综合创新力与创新驱动力的变化趋势基本一致，创新支撑力先弱后强，成为提升创新型城市综合创新力的重要力量，而创新可持续力先强后弱，成为创新型城市综合创新力提升的阻碍因素。最后，本章还将国家创新型城市分类为引领型、先进型和追赶型三种不同类型，并简述了其特点以及存在的差异。

第四章　国家创新型试点城市的企业创新理论框架

第一节　理论基础

一、熊彼特创新理论

著名经济学家熊彼特（Joseph Alois Schumpeter）对创新理论的发展起到了重要的作用，他在 1912 年出版的《经济发展理论》中对创新理论作出了详尽的阐述。需要指出的是，创新和发明并不相同，对于创新与发明的区别熊彼特也作了详尽和明确的区分，熊彼特认为发明是一种新的产品、服务或过程，发明往往会申请专利。但专利并不必然意味着商业化，大多数专利并没有被商业化，而创新与商业化联系更为紧密，并且也不需要发明或专利作为必要的支撑（Schumpeter，1939）。创新是生产企业通过采用新的生产要素在特定的生产条件下以一种新的生产函数进行生产，企业家以这种方式对之前的经济循环轨道进行破坏。熊彼特在其创新理论中提出关于阐述竞争与创新关系的熊彼特假说，其核心观点认为在整个创新过程中，企业需要面临的种种不确定因素是小微企业难以承受的，而在抗压抗风险上大企业更占据优势，在降低和排除各种限制因素的影响后，具有垄断优势的大企业的创新效率相对更高。

熊彼特对于创新理论的阐述和观点自成体系，总体上其理论属于技术创新范畴，后人基于熊彼特创新理论进行进一步探索，分离出来两个较有影响力的理论。

第一个是 20 世纪 50 年代曼斯菲尔德、卡曼和施瓦茨等人提出的创新理论，他们将新古典学派的经济理论与创新理论进行了结合。随着静态的分析方法在经济研究中遇到瓶颈，人们转而寻找新的解释方法，开始重新思考技术与经济发展的关系（代明等，2012），并发展出了两种学派（刘元凤，2010）：一是以索洛等学者为代表的新古典学派，其将技术创新纳入到经济生产函数之中；二是以曼斯菲尔德等学者为代表的“新熊彼特”学派，主要研究企业、市场及新技术与技术创新的关系，侧重从企业组织层面探讨技术创新的影响。

第二个是20世纪70年代科斯等学者借鉴熊彼特创新理论，并结合当时需要拓展的制度经济学提出的影响深远的制度创新理论，被当时占据主流地位的新古典经济领域所接纳，并且也大大拓展了新古典经济学对现实问题的解释。此外，波特（1990）的研究认为创新是通过产业竞争实现的，在市场竞争中通过创新奠定优势地位，Simmie（2002）认为创新源自新的技术、服务以及市场。

熊彼特假说是最早论述竞争与创新关系的理论体系，对后续理论的出现深有启发，自此以后出现的阿罗假说与阿吉翁假说均建立在熊彼特创新理论的基础之上。随着技术的发展和数据的完善，对理论进行实证检验变得可行，熊彼特假说也得到了诸多研究的证实，Crepon et al.（2016）采用企业层面的微观数据进行实证分析验证了熊彼特假说，Gonzalez-Blancoe et al.（2019）利用转型经济体的面板数据，探究除发达国家以外的其他国家（地区）的创新效率是否与企业规模有关，其研究结果也同样符合熊彼特假说。

二、内生增长理论

长期经济增长问题始终是经济学界关注的核心问题之一，Smith（1776）指出技术进步是国民财富增长的三大源泉之一。Marshall（1920）注重企业的外部性对经济增长的重要作用，而Schumpter（1934）认为经济活动中企业家对利润的追求推动了创新，从而促进了经济的增长。现代长期经济增长理论的基础是建立在Harrod（1939）和Domar（1946）的研究之上的，Harrod-Domar（H-D）模型认为经济增长由储蓄率和资本产出比决定，但在此模型中由于资本和劳动固定技术系数的假设使得经济均衡的稳态难以实现。在短期内，资本和劳动的配合比例可能表现为固定不变，即在这一阶段，它们各自的投入量相对固定且不易调整。然而，随着时间跨度延长至长期，资本与劳动变得可以相互替代，这意味着企业能够根据成本效益和生产效率灵活调整两者的比例。基于这一认识，Swan 于 1956 年、Solow 于 1957 年分别提出了新古典经济增长模型，该模型的核心在于阐述劳动和资本作为生产要素，在长期视角下是可以相互替换的。在新古典经济增长模型内，长期的经济增长动力并非源自劳动或资本存量的无限累积，而是源自外生的技术进步，即技术的发展和创新是推动经济增长的唯一根本源泉。之后的诸多研究从改变储蓄率来解决长期经济增长研究问题的局限（Kaldor，1957；Koopmans，1963；Cass，1965），但储蓄率的内生并没有消除经济增长模型的缺陷。Arrow（1962）提出的“干中学”模型和 Uzawa（1965）提出的两部门增长模型发现经济增长依赖于长期的人口增长率。以上的研究都将经济的长期增长归因于外生的因素，并没有真正解释“索洛剩余”问题，即经济的各变量应如何通过变化与交互作用内生地决定一国（地区）长期经济增长。

20 世纪 80 年代，以 Romer（1986）和 Lucas（1988）的研究为代表，经济学界对于经济增长的研究进入了一个新的发展阶段，即研究经济系统如何内在地决定长期的经济增长，也即内生经济增长理论。内生经济增长理论的核心思想是认为经济在不依靠外部力量的助推下可以在较长的时间内实现持续的增长。技术进步对于促进经济增长起到至关重要的作用，在依据生产函数建立的增长模型中，劳动要素和资本要素是促进经济增长的内生要素，所以当劳动要素和资本要素的投入量因为种种不可控因素而下降时，经济可能会出现增长停滞甚至负增长的现象。内生经济增长理论认为经济的持续增长是可以实现的，当有劳动要素投入时，高质量的劳动力会形成人力资本，并且当物质资本投入时会产生技术进步，这构成了经济长期增长的内生因素。

谈及内生增长理论就不得不提及罗默模型，罗默模型把社会生产划为三个阶段，分别是产品研究、中间品生产和最终生产。罗默模型较为详尽地分析了人力资本所产生的知识要素以及物质资本形成的技术要素对经济增长的作用。但是由于内生增长模型所需要的假设条件如满足完全竞争条件非常苛刻，在很多情况下不适合且难以恰当地解释当前经济发展的现象，很多学者以改良内生增长模型为方向进行了讨论研究，直到 20 世纪 90 年代，内生增长模型有了新的假设条件，针对当时全球市场上出现跨国企业垄断经营的现象，学者们提出了一些拓展的内生增长模型，具体研究在垄断竞争条件下的经济循环轨道。

三、创新系统理论

科技创新需要在良好的创新系统下进行，近些年来，政府在区域创新系统建设中的作用日渐突出，此现象引起了国内外研究学者的广泛关注。Mason and Brown（2014）整合了前人关于创业生态系统的论述，对创业生态系统给出较为权威和具有代表性的定义：在当地的创业环境中，因为种种联系相互关联的创业参与者、创业组织和创业机构在其创业过程中以各种方式结合从而相互调配资源及共享创新成果。创新系统由创新主体、适合企业机构创新的环境和各种彼此关联的政策三个部分构成，并且具有输出技术创新知识、产出物质产品和提高经济效益三种功能。

（一）国家创新体系理论

国家创新体系这一概念最早由弗里曼于 20 世纪 80 年代中后期提出。日本在第二次世界大战以后，其经济奇迹般地复苏与发展起来，这一现象引起了众多学者的关注，著名经济学家弗里曼通过研究发现国家和政府对于激发企业活力尤为重要，在此基础上弗里曼根据日本的经济发展经验提出了国家创新体系理论。弗里曼指出，国家创新体系是创新主体之间不断加深联系而形成的全国网络，各种要素在其中加速流动，并产生相互作用而促进企业的创新产业升级，实现创新体系的整体功效。此后，国家创新体系理论得到了进一步的发展，Teixeira（2014）在文献综述中对国家创新体系的演化、发展进行了详细的阐述，他认为在国家创新体系中，创新主体之间联系的性质和方向从根本上决定整体的产出效益和发展方向。周大亚等学者认为，国家创新体系是提供一个载体供创新知识在其中不断循环的体系，各创新主体若分开则发挥功能性作用，若融聚则发挥协同主体作用，共同推动经济社会发展（周大亚，2013；李研和梁洪力，2014）。

（二）区域创新系统理论

20 世纪 90 年代之后，各地区发挥自身优势，对创新活动进行分工，区域化创新特征逐渐兴起，针对这一现象，学者将研究的范围转向特定区域，英国著名经济学家库克（Cooke）教授较为系统地阐述了区域创新系统理论，他认为，区域创新系统是指在地理上呈现集中分布的态势且区域之间存在相互作用区域性组织系统，创新主体在该系统的激励下产生创新行为，在构成成分上，区域创新系统主要包括创新企业、创新机构、金融机构以及信息服务机构。政府主要通过制定政策来规划和整合信息，从而进行决策，同时协调调配创新资源，为企业提供公共治理服务并对市场功能性缺陷及时进行纠偏，在区域性创新组织里中介机构、金融机构是各种创新资源整合汇聚在一起的融合剂和激发创新活动的催化剂，各类创新主体在规划的创新轨道上稳步前进，促使科技创新资源的高效融合和创新成果的产出（Cooke，2001）。顾新（2001）基于国家创新体系理论，丰富了区域创新系统理论，并从知识流动、产业集聚和空间集聚三个方面详细阐述了区域创新系统的运行机制。Fritsch 和 Slavtchev（2011）重点分析了区域创新系统的影响因素，并探讨了不同区域创新系统效率存在的差异性特征，他们发现由大型企业主导的区域创新系统的效率相对于平均规模较小企业的区域效率往往更低。Jiao 等（2016）在研究区域创新系统时认为，在区域创新系统内，知识的产生与运用存在一定差异，当二者结合时存在一定的慢化效应，应当利用好企业、高校和科研机构的研发投入，大力促进区域协同创新发展，同时企业的研发投入应遵循“适量合理”的原则，要视地方知识生产和知识运用之间的合作程度而定，并非越多越好，在构建区域创新系统上，知识生产和知识运用之间合作呈“倒 U 型”关系。

（三）城市创新系统理论

城市创新系统理论是在“城市中心论”思想的催化下应运而生的，在区域创新理论的基础之上，如何合理规划利用区域创新资源、提高城市创新能力，以及推动城市经济发展成为重要的议题。我国学者赵黎明等人对城市创新系统理论作出了系统性的阐述和归纳，赵黎明和冷晓明（2002）认为城市创新系统是指在具备一定集聚效应的城市中，当地的主体要素（如生产企业、制定相关创新政策的政府部门、能够与企业深化合作研究纵向课题的大学、科研机构等）和创新所需的非主体要素（如物质资源、人力资源等）应相互协调整合，催化激发创新行为。随着区域创新系统的不断发展，城市作为创新活动的重要载体，其功能性和重要性日益凸显。城市创新系统理论深刻肯定了创新对城市经济发展的积极影响，而城市作为知识的来源地和创新资源的聚集地（Bradford，2004），其地位不言而喻；同时，城市在资源整合和产业集聚方面的重要功能，又会对城市经济的发展产生积极的影响（Jacobs，1970；Lucas，1993）。随着我国区域化进程的逐渐加快，知识、技术、人才、资本等创新资源逐渐在城市这片沃土的内部汇聚，为不同创新资源的再生长、扩散和流动提供了区位条件（Hekkert et al.，2007）。

四、市场失灵理论

市场失灵理论的代表性人物是凯恩斯等人，他们借鉴新自由主义理念而提出不应该对国家经济发展和运行放任自由，应当利用好政府职能对经济发展实行积极干预。理论上，市场机制调节不能够有效解决外部性问题，也不能有效提供公共物品，导致市场机制在一些特定领域的资源配置存在失灵的问题。创新活动的外部性相对较强、失败率相对较高，而且前期投入成本较高，一般的市场机制无法有效配置创新资源；还有，由于缺乏创新激励，企业等创新主体容易产生技术剽窃、技术模仿等“搭便车”行为，即使社会创新资源投入量很大也难以达到预期效果，造成“创新市场失灵”现象。此时，若政府进行适度干预和调控，则能够在一定程度上弥补市场机制缺陷，例如政府以补贴等形式激励企业等创新主体加大研发支出力度，使得创新活动能够接近甚至达到预期的规模。

第二节　国家创新型城市试点工作影响企业创新的理论分析

具有创新导向性的政策支持是推动地方科技创新的重要力量，尤其是在以政府为主导、市场为导向、企业为主体的“三位一体”的科技成果转化过程中，政策支持更是推进区域创新能力提升的重要保障（苗文龙等，2019）。根据创新系统理论，通过国家和城市的制度安排与协调，可以推动各创新主体进行知识与技术的创新与应用，这强调了国家和城市在技术创新中的作用。企业作为创新的真正行为主体（王缉慈，2001），在提高自身竞争力以实现市场价值的同时，还应该看到在进行研发创新的过程中，由于创新活动周期长、多阶段性以及不确定性等因素，也面临创新失败高压力和高风险，这最终将影响企业进行自主创新的活力与动力（郭玥，2018）。从市场失灵和宏观调控理论来看，技术创新活动具有外部性和不确定性，这有可能引发市场出现“无形的手”的失灵问题。因此，应汇集国家和地方政府的力量，在市场配置资源的基础上，结合地方创新发展的综合优势，发挥“有形的手”来引导创新资源配置到优势领域，提高市场创新活跃度，降低企业研发成本，提高企业创新产出（Bansal and Hunter，2003；潘越等，2015；李政和杨思莹，2019）。

国家创新型城市试点工作不仅是创新驱动发展战略下城市发展模式的转型探索，也是我国构建国家创新体系和实现创新型国家的重要举措和手段（章文光和宋斌斌，2018）。国家创新型城市作为一种城市高质量发展新模式，将知识与科技的创新作为经济和社会发展的核心动力，其重点任务是加快经济发展方式转变并优化经济结构，增强城市内企业自主创新的能力，促进创新要素的集聚，培育创新型企业和科技创新人才，营造良好的创新氛围，构建创新服务体系以及推进机制体制创新等。关于国家创新型城市试点工作的政策文件注重对城市创新模式的探索与建设，即充分发挥城市要素聚集和创新动能的优势，推动地方政府把科技创新摆在发展的首要位置，因地制宜拓展创新型城市发展空间。因此，入选国家创新型城市试点工作名单的城市容易获得国家政策的倾斜与支持，使得城市中的所有经济行为主体均可从中普遍受益，通过吸引人才、资金、投资与服务等方式，形成城市创新发展凝聚力，这不但有利于调动企业参与创新活动的积极性，而且有利于地方明确与细化城市内的产业分工和劳动力技能匹配，从而拓展市场创新边界与城市资源空间，降低城市创新成本。

一、国家创新型城市试点工作对企业创新的驱动效应分析

随着世界科技进步和经济全球化趋势的增强，城市的经济发展和竞争力的提升更多依赖于科技创新驱动（Cohendetet al.，2009）。内生增长理论和创新系统理论均认为城市创新驱动发展模式有利于驱动本地经济的创新发展。国家创新型城市试点工作是国家为推动国家创新体系建设的重要举措，其本质是以创新为核心驱动力的一种城市进阶式发展模式（李仲飞，2014），可以快速提升城市科技创新动力，增强区域发展新优势。国家创新型城市作为一种以创新驱动为核心的城市发展新模式，亦是企业创新与发展的“试验田”（Hall，2000），一方面国家创新型城市建设会为企业带来丰富的创新资源，降低当地企业的创新成本，促进企业研发投入增加和创新能力提升；另一方面，国家创新型城市建设通过政策倾斜支持企业创新活动也会在一定程度上降低企业的进入门槛，加剧市场竞争的激烈程度，增加企业市场和成本风险，从而压缩企业整体营利空间，最终抑制企业创新。具体来看，国家创新型城市试点工作对企业创新的驱动效应可归纳为两大类：驱动市场创新资源配置反应和驱动地方政府支持响应。

（一）驱动市场创新资源配置反应

1. 驱动市场人才集聚效应

人才是企业开展创新活动的核心要素，也是企业竞争的焦点。改善高质量人才福利，有利于提高企业单位劳动生产率和产品创新力度（许明和邓敏，2018）。创新驱动的实质是人才驱动，人才资源在区域间自由、无障碍流动使区域市场机制得以有效运作（洪银兴，2003）。国家创新型城

市能够通过驱动市场创新人才资源配置效率，为企业创新活动集聚一批高质量人才队伍和专业的技术团队。一方面，国家创新型城市通过人才引进优惠政策与完善的人才激励机制，为创新型人才提供了便利条件和丰厚奖励，吸引了大量的创新人才和优秀团队，驱动市场创新人才要素流向创新型城市企业，从而提高了企业研发创新水平。另一方面，国家创新型城市建设为强化城市人才支撑，采取多种灵活就业形式，并扩大高校、科研机构等创新主体对人才激励的自主权，支持创新型教育和创新型人才培养，促进本地企业创新能力的提升。因此，国家创新型城市通过驱动市场人才资源配置机制，形成创新人才集聚效应，从而促进企业创新水平的提升。

2. 驱动市场研发平台优化效应

优质的城市创新环境表现为高效开放的创新平台服务环境，不但能够有效吸收和整合优势创新资源以服务企业创新活动，而且能够提升科技研发效率，推动企业技术转型升级（李习保，2007；傅晓霞等，2012）。创新型城市的政府参与到社会性制度创新过程中，通过推动知识产权保护，改善科技中介服务质量和效率，提供创新基础设施，为企业和高校、科研机构搭建沟通的平台和基地，同时也积极营造创新文化氛围，培育特色创新文化，活化城市的物质和信息资源，这样不仅可以增强企业的灵活性和适应性，降低其不确定性，还能够有效促进企业创新能力的提升。值得一提的是，国家创新型城市建设的重要内容之一便是支持创新基地和服务平台建设，这样可以为企业创新活动营造良好的创新环境，提供有力的体系支撑。

有序推进适合科技发展需要的创新服务平台体系对优化城市创新环境和助力企业科技腾飞发展至关重要（赵彦飞等，2020）。国家创新型城市试点工作释放了强烈的创新政策支持信号，能够有效驱动市场创新平台建设，为企业技术创新蓄力加速。一方面，试点城市通过规划引导和科学布局，将建设开发区和城区内企业的创新综合服务平台，企业孵化器和研发合作基地作为推进创新型城市建设的工作重点，为企业科技成果转化和技术创新提供了高效优质的服务。另一方面，试点城市通过推动建设国际研发合作基地和多形式产学研联合体，大幅度集聚优质创新资源以促进创新主体高效互动和推动创新区内要素加速流动，加速知识溢出和技术扩散，以全面提升创新型城市产业集聚效应，这不仅有利于改善企业生产效率和资源要素配置，还有助于培育一批具有全球影响力和国际竞争力的高科技创新型企业集团，从而拉动创新型城市企业的综合科技创新水平。

3. 驱动市场融资渠道扩展效应

创新项目具有资金需求大、成本高、周期长以及不确定性等固有特点，因此，构建完善的金融支持体系对于企业在解决创新活动过程中经常面临的融资约束难题来说至关重要（鞠晓生等，2013）。国家创新型城市试点工作为企业创新活动提供了良好的金融支持服务体系，能够刺激各地金融机构为当地具有创新潜能的企业提供更灵活的金融支持（聂飞和刘云海，2019）。国家创新型试点城市通过驱动市场金融服务导向，为金融服务机构和融资企业之间架起了信任桥梁，扩大了金融服务的覆盖范围，扩展了企业融资渠道，有助于企业创新水平的提升。一方面，试点城市向金融市场释放了强烈的创新服务导向信号，推动金融服务机构与科技型企业精准对接，降低了科技企业的融资门槛，推动企业以更低成本和高效便捷的方式获取金融服务，从而有效缓解创新型企业融资约束等问题，并增强企业抗风险能力；另一方面，试点城市建设方案强调构建多元化和多层次的创新投融资体系，通过引导资本市场积极“握手”创新型企业，支持商业银行对创新型企业的金融服务升维提速，并积极建设和完善金融科技服务平台以改善企业融资环境，拓宽其创新型企业融资渠道，从而不断激发企业释放创新潜能。因此，国家创新型试点城市通过驱动市场金融服务导向机制，形成融资渠道扩展效应，从而促进企业创新水平的提升。

4. 驱动市场信息传递监管效应

资本市场上企业经营活动的合理有序发展离不开社会信息媒介的监督。在市场竞争环境下，信息高质量披露对企业缓解其与投资者之间信息不对称问题，以及降低企业融资成本和增强资金流动性来说具有重要作用（Dhaliwal，2011）。资本市场信息公平且准确传递不但有利于保护企业投资者的合法权益、提高资本市场信息透明度、缓解市场失灵，而且有利于资本市场精准匹配创新科技型企业在不同发展阶段的融资需求和资金风险偏好，助力资本市场与科技创新的良性“双循环”。

（二）驱动地方政府支持响应

1. 驱动地方财政补贴加持效应

为了应对市场中的信息不对称、外部性等问题，政府通常采取补贴式财政手段来调动企业创新积极性（Aghion and Howitt，1992），大量的资金投入到企业的创新工作中可以激发更多的创新行为（蔡卫星等，2019）。政府创新补助通常会对企业创新投入和产出产生显著的微观影响（郭玥，2018），尤其是政府的资助能够有效促进企业的研发投入力度，并最终提高企业的科技创新水平（解维敏等，2009；白俊红，2011）。建设创新型城市，要求地方政府着力推进财政支持政策，强化创新补贴政策力度，财政支持政策通过直接补贴来激励企业进行技术创新。一方面，这类政策能够直接为科技型企业提供创新活动专项资金支持，降低创新活动的风险，激发企业技术创新的动力，从而提升企业的创新产出水平；另一方面，政府所提供的财政补贴与补助也可以助力高校与科研机构产出创新成果，从而通过技术合作帮助企业提升生产工艺水平、降低产品生产成本，从而促进企业的创新产出。但需要指出的是，地方政府在制定深化科技改革等相关政策的同时，需要积极地调整科技计划的扶持方向，以进一步厘清市场与政府之间的“投入边界”，并充分发挥地方政府对不同科技创新领域的导向和支持作用，以实现财政资金在提升创新活力方面的效益。因此，国家创新型试点城市通过驱动地方财政补贴政策响应，形成财政补贴加持效应，从而有助于企业创新水平的提升。

2. 驱动地方税收优惠调节效应

税收优惠政策也是国家创新型试点城市为促进企业进行创新活动而重点实施的激励政策，相对于财政支持政策，税收优惠政策是通过间接的方式来激励企业的。一方面，税收优惠政策可以有效地减轻企业在开展技术创新活动初期所需要承担的税收负担，使企业拥有更多的财力与物力进行技术研发与创新，从而促进企业创新产出水平的提升（唐红祥和李银昌，2020）；另一方面，税收优惠政策的有效实施还可以大幅度降低企业在技术创新活动中可能面临的风险、有效应对成本与不确定性等问题，并增强企业自主的意向和动力，进而大幅度提升企业的创新投入和产出（岳树民和孟庆涌，2006）。因此，国家创新型试点城市通过驱动地方税收优惠政策响应，形成税收优惠调节效应，从而助力企业创新水平的提升。

3. 驱动地方行政效率强化效应

政策最终对企业创新的影响效果与地方政府行政效率紧密相关。设立行政审批中心也被看作是一次地方政府对行政审批制度的深化改革与创新（陈时兴，2006），不断提升政府行政审批和办事效率，为企业创新活动等提供“一站式”审批服务，为创新型企业“减负”，助力其以更好的竞争优势立足于国际市场（王永进和冯笑，2018）。行政审批效率高，一方面有助于地方积极响应中央政策试点目标，为企业创新活动及时提供相关财税政策优惠、简化企业项目的审批手续和搭建高效的科技创新平台；另一方面也有助于缩短企业专利申请和授权审批时间，且为企业研发节省出更多时间以挖掘市场创新潜力和增强创新动力（毕青苗等，2018）。因此，地方政府行政效率提升会进一步强化国家创新型城市建设对企业创新的影响效果。

二、国家创新型城市试点工作对企业创新的成本效应分析

根据建设创新型试点城市的政策和方案，以及总结和分析创新型城市试点工作对企业创新的政策效应和驱动效应，可以分析得出以下结论：国家创新型城市试点工作通过影响改善城市综合创新环境，以降低企业创新成本，并激发创新型城市内企业的创新活力，以助力企业整体创新水平的提升。根据熊彼特创新理论，创新即“建立一种新的生产函数关系”，在一定条件下，重新优化组合生产要素和生产条件，并将“新组合”引入生产体系当中，以促进技术升级。企业创新水平通常可以用企业创新投入和企业创新产出来衡量（张杰等，2014），本章以企业研发投入作为衡量企业创新活动的重要代理变量，构建企业其他生产性投入和创新投入之间的生产函数关系，并利用静态比较来分析国家创新型城市试点工作对企业创新投入与成本的影响机理。

国家创新型城市试点工作对企业创新投入和成本的影响如图 4.1 所示，横坐标代表企业创新投入，纵坐标代表企业其他生产投入。当关于国家创新型城市试点工作的政策没有出台之前，企业研发等成本线为 C_1，等产量线为 Q_1，R_1 为当时的企业创新投入；当关于国家创新型城市试点工作的政策出台之后，在其他条件不变的情况下，具有强烈创新导向的政策带来了市场和地方政府积极响应和支持，从而为企业带来了一系列有利于其开展研发创新的资源和平台，使得企业研发投入成本下降，企业研发等成本线由 C_1 移动至 C_2，等产量线向上移动至 Q_2，此时企业创新生产均衡点由 A_1 移动至 A_2，创新投入也由 R_1 移动至 R_2，其中 R_1 到 R_2 的变化量就是由国家创新型城市试点工作带来的企业增加创新投入的效果。在国家创新型试点城市的建设过程中，相关政策为企业创新提供了强有力的支撑，随着创新型城市建设的持续推进，财政支持、税收优惠、金融服务等一系列创新激励配套政策加速落地，为企业研发活动带来实质性支持，进一步降低企业创新成本，从而有助于企业增加研发投入，实现企业技术创新水平的提升。

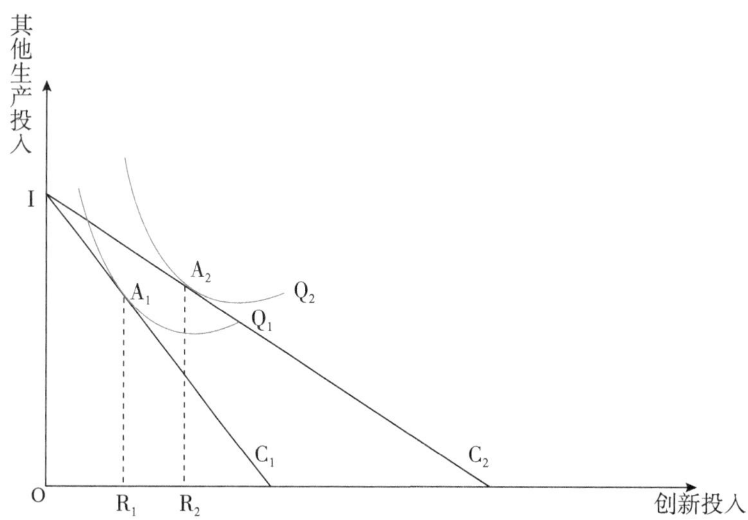

图 4.1　国家创新型城市试点工作对企业创新投入和成本的影响

第三节　国家创新型城市试点工作影响企业创新的数理模型

本节通过借鉴 Melitz（2003）、Melitz 和 Ottaviano（2008）以及 Antoniades（2015）的数理模型建模思路，构建了国家创新型城市试点工作影响企业创新的异质性企业垄断竞争模型，通过将创新型城市试点工作这一能改变企业创新环境和降低企业创新成本的影响因素作为经济变量参数纳入该模型中，以考察国家创新型城市试点工作对企业创新水平的影响。

一、消费者行为

本节借鉴 Antoniades（2015）的设定，将代表性消费者偏好表示为：

$$U = q_0^c + \alpha \int_{i \in \Omega} q_i^c \mathrm{d}i + \beta \int_{i \in \Omega} z_i q_i^c \mathrm{d}i - \frac{1}{2}\gamma \int_{i \in \Omega} (q_i^c)^2 \mathrm{d}i - \frac{1}{2}\eta \left(\int_{i \in \Omega} q_i^c \mathrm{d}i \right)^2 \quad (4.1)$$

假设每个消费者同时消费同质化的产品（计价商品）和差异化的产品，其消费量分别由 $q_0^c(q_0^c > 0)$ 和q_i^c 表示，而每种差异化产品的质量由 z_i 表示；参数 α 和 η 反映了每种差异化产品与同质化产品（计价商品）之间的替代弹性；γ 表示差异化产品间的差异程度，若 $\gamma = 0$，则意味着这些产品是可以完全互相替代的；β 是反映对产品质量偏好的参数，并且该参数在不同的行业和地区可能不同（Antoniades，2015）。另外，参数 α、η、γ、β 均为正数。

由效用最大化原则，可得到每种差异化产品的反需求函数：

$$p_i = \alpha + \beta z_i - \gamma q_i^c - \eta Q^c \quad (4.2)$$

其中，$Q^c = \int_{i \in \Omega} q_i^c \mathrm{d}i$。

根据式（4.2），每种差异化产品的需求可以表示为：

$$q_i = L q_i^c = \frac{\alpha L}{\eta N + \gamma} - \frac{L}{\gamma} p_i + \frac{L\beta z_i}{\gamma} + \frac{\eta N L}{\eta N + \gamma}\bar{p} - \frac{\eta N L \beta}{\eta N + \gamma}\bar{z} \quad (4.3)$$

其中，N 表示差异化产品的种类数，L 表示消费者数量或市场规模，$\bar{p}$

$=\frac{1}{N}\int_{i\in\Omega^*} p_i\mathrm{d}i$，$\bar{z}=\frac{1}{N}\int_{i\in\Omega^*} z_i\mathrm{d}i$，分别代表平均价格与平均产品质量，并且$\Omega^*\in\Omega$，$\Omega^*$是消费商品集合$\Omega$的最大子集：

$$p_i\leqslant\alpha+\beta z_i^c-\eta Q^c=p_{\max} \tag{4.4}$$

将Q^c代入式（4.4）并整理得到：

$$p_{\max}=\frac{\alpha\gamma}{\eta N+\gamma}+\beta\left(z_i^c-\frac{\eta N}{\eta N+\gamma}\gamma\bar{z}\right)+\frac{\eta N}{\eta N+\gamma}\gamma\bar{p} \tag{4.5}$$

二、生产者行为

本节借鉴 Melitz 和 Ottaviano（2008）的思路，假设劳动力是生产活动中唯一投入的生产要素，且计价商品的生产是规模报酬不变的，同时市场也是完全竞争的。每个企业要进入差异化产品市场会面临较高的成本投入，包括生产启动成本和产品研发成本。首先，企业为进入差异化产品市场而支付固定成本 Fe，从而得到成本参数c（边际成本），这也决定了其生产率。假设边际成本c的累积分布函数为$G(c)$，其定义域为$[0, c_m]$，那么边际成本高（生产率低）的企业会被迫退出市场。其次，在给定每个企业的成本参数条件下，企业生产的产品质量所对应的研发创新成本为$\varphi=\theta z^2$。现存企业i会根据给定的市场上的企业数量N、产品平均价格$\bar{p}$以及产品平均质量$\bar{z}$来最大限度地提高自身的产品质量，其成本函数可以表示为：

$$TC_i=c_iq_i+\theta z_i^2 \tag{4.6}$$

其中，式（4.6）的第一项与 Melitz 和 Ottaviano（2008）的思路一致，反映了可变生产成本；第二项描述了质量升级的固定投入，并且其相对于产出是不变的。具体而言，本节假设产品质量升级来自创新所付出的成本①，该创新成本随着产品质量的提升而增加，而不随产出而增加。创新成本函数的参数θ是本模型的关键参数，它可以表示不同地区或城市在创新能力和创新技术方面存在的具体差异。某地区的市场创新能力和技术创

① 假设质量升级的创新成本函数是凸函数。

新水平越高，创新成本 θ 的值就越小。而在进行创新型城市建设的市场中，由于创新扶持政策和良好创新环境的存在，企业创新成本 θ 会更低（Bronzini 和 Piselli，2016）。

给定以上各参数，根据 Melitz 和 Ottaviano（2008）给出的模型，得到企业的定价 p、产量 q、加成率 μ 和利润 π 的表达式：

$$p(c,\ z) = \frac{1}{2}(\alpha - \eta Q^c + c) + \frac{1}{2}\beta z \tag{4.7a}$$

$$q(c,\ z) = \frac{L}{2\gamma}(\alpha - \eta Q^c - c) + \frac{L}{2\gamma}\beta z \tag{4.7b}$$

$$\mu(c,\ z) = \frac{1}{2}(\alpha - \eta Q^c - c) + \frac{1}{2}\beta z \tag{4.7c}$$

$$\pi(c,\ z) = \frac{L}{4\gamma}[(\alpha - \eta Q^c - c) + \beta z]^2 - \theta z^2 \tag{4.7d}$$

其中，$\mu(c,\ z) = p(c,\ z) - c$ 是绝对加成率的形式。

企业通过最大化利润函数（4.7d）来选择最优的产品质量升级，最优产品质量（或研发水平）可以表示为：

$$z^* = \omega(c_D - c) \tag{4.8}$$

其中，$\omega = L\beta/(4\theta\gamma - L\beta^2)$。

$$\frac{\partial z^*}{\partial \theta} = \frac{-4L\gamma\beta(c_D - c)}{(4\theta\gamma - L\beta^2)^2} \tag{4.9}$$

显然，$(\partial z^*)/\partial\theta < 0$，即企业创新成本越高，则产品质量与研发创新水平越低。在国家创新型试点城市的市场中，由于创新扶持政策与良好创新环境的存在，其企业具有相对更低的创新成本，因而该市场中的企业研发创新水平会越高。

设 c_D 为生存企业成本参数 c 的临界点，可以作为衡量市场上竞争程度的标准。c_D 越低，竞争就越激烈。将式（4.8）代入式（4.7a）~式（4.7d）中，可知当企业的边际成本参数 c 高于 c_D 时，会被淘汰出市场。若 $c = c_D$，则该企业的最优研发创新水平为 $z(c_D) = 0$，也就是说那些未进入市场的企业是没有激励来进行研发创新的。因此，$p_{\max} = c_D$。

因此，可以将式（4.7a）~式（4.7d）重新表示为 c_D 和 c 的函数：

$$p(c)=\frac{1}{2}(c_D+c)+\frac{1}{2}\beta\omega(c_D-c) \quad (4.10a)$$

$$q(c)=\frac{L}{2\gamma}(1+\beta\omega)(c_D-c) \quad (4.10b)$$

$$\mu(c)=\frac{1}{2}(1+\beta\omega)(c_D-c) \quad (4.10c)$$

$$\pi(c)=\frac{L}{4\gamma}(1+\beta\omega)(c_D-c)^2 \quad (4.10d)$$

根据式（4.4）、式（4.8）和式（4.10a）~式（4.10d）可以得到：

$$c_D=\alpha-\frac{\eta N}{\eta N+\gamma}(\alpha+\gamma\beta\bar{z}-\gamma\bar{p})$$

$$\bar{p}=\frac{1}{2}(c_D+\bar{c})+\frac{1}{2}\beta\omega(c_D-\bar{c})$$

$$\bar{z}=\omega(c_D-\bar{c})$$

联立上述三式，可以得到市场上企业数量 N 的表达式：

$$N=\frac{2\gamma}{\eta(1+\beta\omega)}\frac{(\alpha-c_D)}{(c_D-\bar{c})} \quad (4.11)$$

三、企业自由进入的均衡

在均衡状态下，企业的预期利润为0，因为只要预期利润大于0，便会有新企业不断进入市场，直至预期利润接近0，而若预期利润为负，则没有企业进入市场。结合式（4.10d），企业自由进入的均衡条件可以表示为：

$$\int_0^{c_D}\pi(c,z)\,\mathrm{d}G(c)=\frac{L}{4\gamma}(1+\beta\omega)\int_0^{c_D}(c_D-c)^2\mathrm{d}G(c)=f_E \quad (4.12)$$

借鉴 Melitz（2003）的设定，令边际成本 c 服从帕累托分布，分布函数为 $G(c)=\left(\frac{c}{c_m}\right)^k$，$c\in[0,c_m]$。其中，$k$ 描述了成本 c 的离散度，当 $k=1$ 时，成本 c 在 $[0,c_m]$ 上是均匀分布的。对于现存的企业 c_D 的分布也是类似的，即 $G(c)=\left(\frac{c}{c_D}\right)^k$，$c\in[0,c_D]$。根据式（4.12）可以得到：

$$c_D = \left[\frac{\gamma 2(k+1)(k+2) f_E c_m^k}{(1+\beta\omega) L} \right]^{\frac{1}{k+2}} \tag{4.13}$$

为了保证 $c_m > c_D$，假设 $c_m > \sqrt{[\gamma 2(k+1)(k+2)f_E]/(1+\beta\omega)L}$。令 $\sigma = 2(k+1)(k+2)f_E c_m^k$，则式（4.13）可以表示为：

$$c_D = \left[\frac{\gamma\sigma}{(1+\beta\omega) L} \right]^{\frac{1}{k+2}} = \left[\gamma\sigma\left(\frac{1}{L} - \frac{\beta^2}{4\theta\gamma} \right) \right]^{\frac{1}{k+2}} \tag{4.14}$$

对式（4.14）求一阶偏导数，可知 $\partial c_D/\partial\theta > 0$ 且 $\partial c_D/\partial f_E > 0$，也就是说，当生产过程中用于研发创新的成本和进入成本越低，那么临界的成本水平越低，从而影响市场竞争激烈程度。这一现象的出现，背后的原因在于创新成本的降低，意味着进入该市场的门槛也越低，会促使大量企业进入该行业（$\partial N/\partial\theta < 0$），加剧行业内的市场竞争，进而压缩企业整体的均衡利润，并淘汰一批低效率企业。

将式（4.14）代入企业的研发投入表达式（4.9），并求一阶偏导数可得：

$$\frac{\partial z(c)}{\partial\theta} = \frac{-4L\gamma\beta(c_D - c)}{(4\theta\gamma - L\beta^2)^2} + \frac{L\beta^3\sigma\rho_1^{\frac{1}{k+2}-1}}{4\theta^2(4\theta\gamma - L\beta^2)(k+2)} \tag{4.15}$$

其中，$\rho_1 = \gamma\sigma\left(\frac{1}{L} - \frac{\beta^2}{4\theta\gamma} \right)$。

由式（4.15）的数理关系来看，等式右边第一项小于0而第二项大于0，因此国家创新型城市试点工作对企业的研发与技术创新的影响方向是不确定的，取决于两种影响的相对大小：一种影响是，国家创新型城市试点工作会通过降低当地企业研发创新成本，提高研发投入，进而促进企业创新；另一种影响是，国家创新型城市试点工作还会加剧竞争，并对企业的生存空间产生不利影响，进而对企业创新产生抑制作用。因此，国家创新型城市试点工作对企业创新的影响需视两种力量的相对强弱而定。

第四节　本章小结

本章首先重点阐述了熊彼特创新理论、内生增长理论、创新系统理论和市场失灵理论的发展与演变，并详细介绍了各理论的核心思想和观点，总结现有理论对本书研究问题的理论贡献；其次，在收集和整理相关政策以及现有文献资料的基础上，对国家创新型城市试点工作影响企业创新的政策效应、驱动效应和成本效应进行了较为详细的理论阐述，通过总结以上理论基础和理论分析深入探究国家创新型城市建设具体影响企业创新的作用机制和驱动效果；最后，在进一步借鉴经典理论模型的基础上，构建了国家创新型城市试点工作影响企业创新行为的异质性企业垄断竞争模型，用数理模型的方式去分析国家创新型城市试点工作如何影响作用于企业创新行为，为后续实证研究和作用机制识别提供了重要的理论依据。

第五章　国家创新型试点城市的企业创新实证研究

创新不仅是国家经济持续增长的核心驱动力，也是国家保持长期综合竞争优势的关键性因素（Solow，1957；Porter，1992）。随着世界科技和产业革命加速演进，科技创新也愈发成为引领整个国家和地区发展的第一动力。

我国一直以来高度重视科技创新对于国家经济发展的重要引领作用。2012 年，党的十八大报告中提出“实施创新驱动发展战略。科技创新是提高社会生产力和综合国力的战略支撑，必须摆在国家发展全局的核心位置。”2017 年，党的十九大报告中提出“加快建设创新型国家。创新是引领发展的第一动力，是建设现代化经济体系的战略支撑。”2022 年，党的二十大报告中提出“坚持创新在我国现代化建设全局中的核心地位”。

本书认为，国家创新型城市建设是迈向内涵式、集约型和绿色化的高质量发展道路重要突破口。我国从 2008 年起分批次在不同城市开展国家创新型城市试点工作，旨在将这些城市作为建设创新型国家的重要支撑和载体。创新型城市的本质内涵是依靠科技创新驱动城市发展的进阶式探索模式（李仲飞，2014），创新型城市通过汇聚各种经济资源为城市创新活动提供了重要的空间载体和创新合作平台。企业作为城市创新活动的真正行为主体（王缉慈，2001），承载着构建创新型国家和构建国家创新体系的重担，其创新实力不仅是保证自身核心竞争力的关键因素，更是推动一个国家或地区高质量发展的动力源泉。科学评估国家创新型城市试点工作对企业技术创新的影响效果，不仅有助于总结和积累相关经验，识别出更有效的政策体系方向，也是筑牢国家综合竞争实力的重要举措。基于此，本章采用多期双重差分法来评估国家创新型城市试点工作对企业创新的政策影响效果及其作用机制，并进一步采用丰富的数据与严谨的实证手段加以验证和识别。

第一节　研究设计

一、模型设定

对政策效果科学、准确地评估，有助于正确制定、执行和完善政策，更好地配置资源，提高政府正确履行职责的能力和水平。因果效应和政策效果评估是经济学关注的核心问题，其难点在于经济事件与经济政策的内生性问题，以及虚拟事实的不可观测性。不同于自然科学中对因果效应的研究，出于成本、法律、道德等因素考虑，社会科学一般无法使用模拟试验的方法来评估某项政策的效果。为了应对内生性问题，经济学家经常借助“准实验”的机会，使用多种计量经济学工具来估计政策的处理效应，如双重差分法（Difference-in-Differences，DID）、工具变量法和倾向得分匹配法。

双重差分法的基本思想就是将政策视为一个自然试验，通过对政策实施前后目标之间差异的比较构造出反映政策效果的双重差分统计量，即将观测样本分为两组，一组是政策作用对象即“试验组”，另一组是非政策作用对象即“对照组”。选取一个要考察的经济个体指标，根据政策实施前后（时间）进行第一次差分得到两组变化量，经过第一次差分可以消除个体不随时间变化的异质性，再对两组变化量进行第二次差分，以消除随时间变化的增量，最终得到政策实施的净效应。

假设个体 i 所处的样本组为 $S_i \in \{0, 1\}$（其中，$S_i=0$ 表示对照组，$S_i=1$ 表示试验组），时间点 $T_i \in \{0, 1\}$（其中，$T_i=0$ 表示政策实施前，$T_i=1$ 表示政策实施后），且分组与政策的时间是随机的。Y_i 表示个体 i 的可观测结果，用 Y_i^1 表示个体 i 不受政策影响时的潜在结果，Y_i^2 表示个体 i 受政策影响时的潜在结果。如果用 D_i 表示处理变量，那么个体 i 的可观测结果可以表示为：

$$Y_i = D_i Y_i^2 + (1 - D_i) \cdot Y_i^1 \tag{5.1}$$

其中，$D_i = S_i \cdot T_i$。式（5.1）也称为个体处理稳定性假设。假设个体 i 受政策影响的效果为固定常数：

$$\delta = E[Y_i^2 \mid T_i = 1, S_i = 1] - E[Y_i^1 \mid T_i = 1, S_i = 1] \tag{5.2}$$

其中，$Y_i^1 \mid T_i = 1, S_i = 1$ 表示个体 i 假设不受政策影响时的结果，为不可测变量，一般称为反事实结果。现假设不受政策影响时个体 i 的潜在结果变量满足线性形式：

$$Y_i^1 = \beta \cdot T_i + \gamma \cdot S_i + X_i\sigma + \varepsilon_i \tag{5.3}$$

其中，X_i 表示 i 的可观测特征也称为协变量（假设不受政策影响，满足外生性假设），ε_i 表示个体 i 的不可测因素。同时假设其均值为 0 且独立于分组变量和时间变量，表示为：

$$\varepsilon_i \perp (T_i \cdot S_i) \tag{5.4}$$

假设条件也称为平行趋势（Parallel Trend）。可以求得式（5.3）的期望表达式为：

$$E[Y_i^1 \mid T_i = 1, S_i = 1] = \beta + \gamma + X_i\sigma$$

根据式（5.2）可以得到：

$$E[Y_i^2 \mid T_i = 1, S_i = 1] = \beta + \gamma + X_i\sigma + \delta$$

结合式（5.1）和式（5.3）可以得到包含政策效果 δ 的线性回归模型：

$$\begin{aligned} E[Y_i \mid T_i, S_i] &= T_i \cdot S_i \cdot (\delta + \beta T_i + \gamma S_i + X_i\sigma) + (1 - T_i \cdot S_i) \cdot (\beta T_i + \gamma S_i + X_i\sigma) \\ &= \beta T_i + \gamma S_i + \delta T_i \cdot S_i + X_i\sigma \end{aligned} \tag{5.5}$$

式（5.1）可以由表 5.1 来表示。

表 5.1　双重差分使用条件与对比分析

	政策实施前（T=0）	政策实施后（T=1）
对照组（S=0）		
试验组（S=1）		

由表 5.1 可得：

$$\delta = (E[Y_i \mid T_i = 1, S_i = 1] - E[Y_i \mid T_i = 0, S_i = 1]) - (E[Y_i \mid T_i = 1, S_i = 0] - E[Y_i \mid T_i = 0, S_i = 0]) \quad (5.6)$$

式（5.6）展示了该方法被称作“双重差分法”或“倍差法”的原因。图 5.1 直观地展示了双重差分法的原理。

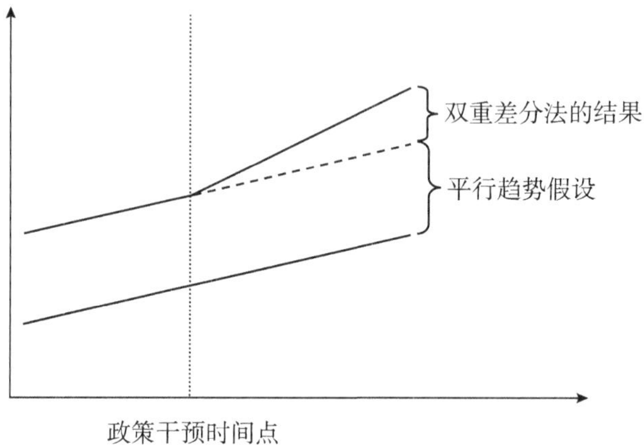

图 5.1　双重差分法的原理

由以上的推导过程可知，为了得到双重差分法的一致性估计量至少需要满足以下三个条件：平行趋势条件，即试验组和对照组在没有政策干预的情况下，结果变量的变化趋势是一致的；个体处理稳定性假设条件，政策干预只影响试验组，不会对对照组产生交互影响，或者政策干预不会产生外溢效应；线性形式条件，潜在结果变量同处理变量和时间变量满足线性关系。

本章应用双重差分法来评估国家创新型试点城市的企业与非国家创新型试点城市的企业的差异，以及获批国家创新型试点城市前后企业的差异，从而为检验国家创新型城市政策试点对企业创新的净效应提供更为精致的识别效果。在样本考察期内（2006—2017 年），先后有 61 个城市（区）获批成为国家创新型试点城市，由于这些城市是分批次获批成为国家创新型试点城市，政策对其产生影响的时间并不一致。为了更好地识别国家创新型城市试点工作对企业创新的政策影响效果，本章采用更适用于评估多期政策效应的“渐进式”双重差分法而非“一刀切式”双重差分法。本书借鉴 Bertrand et al.（2004）、许和连和王海成（2018）的设定方法建立了如下双重差分模型来考察国家创新型城市试点工作对企业创新活动的影响：

$$R\&Dint_{ijct} = \alpha_0 + \alpha_1 NIPC_{ct} + \sum \alpha_k \cdot Control_{ijct} + \lambda_i + \mu_j + \varphi_c + \omega_t + \varepsilon_{ijct} \quad (5.7)$$

$$Y_{ijct}(Numpatent_{ijct}, Quapatent_{ijct}) = \beta_0 + \beta_1 NIPC_{ct} + \sum \beta_k \cdot Control_{ijct} + \lambda_i + \mu_j + \varphi_c + \omega_t + \varepsilon_{ijct} \quad (5.8)$$

其中，i 代表企业，j 代表行业，c 代表城市，t 代表时间；R&Dint 代表研发强度，用于反映企业创新投入；Y_{ijct} 代表企业创新产出，其中创新产出具体用 Numpatent 表示发明专利申请量，Quapatent 表示专利引用量，用于衡量企业创新产出的数量与质量效应；NIPC（National innovative pilot city）为国家创新型试点城市的虚拟变量，当某个城市获批成为国家创新型试点城市的当年及以后，该变量取值为 1，否则为 0，它是试验组虚拟变量 treat 与国家创新型城市试点工作时间虚拟变量 time 的交乘项；等式右边 NIPC 前的系数符号及数值的作用是识别国家创新型城市试点工作对企业创新投入和企业创新产出数量和质量的作用效果；Control 为企业层面、城市层面和行业层面的控制变量；λ_i、μ_j、φ_c、ω_t 分别为企业、行业、城市和时间固定效应；ε 为随机误差项。

二、样本选择与数据来源

（一）样本选择

本章为评估国家创新型城市试点工作对企业技术创新的影响，主要选取 2006 年—2017 年人民币普通股票市场的非金融上市公司数据为研究样本。在进行数据分析之前，本书参考已有文献（顾夏铭等，2018；王砾等，2018）的做法，对数据作了如下处理：剔除在观测期内被特别处理（ST、*ST 等）的上市公司样本；剔除行业属性特殊的金融和保险类公司样本；剔除资产负债率大于 1 的公司样本；剔除关键数据缺失较为严重的样本。通过上述处理方式，最终得到 13227 个样本观测值。为了避免极端值对后续实证结果造成影响，本书对主要连续变量在 1% 和 99% 分位上进行缩尾处理。

（二）数据来源

本章中的企业研发投入和专利数据，以及其他上市公司基本信息与财务数据等企业层面数据均来自中国专利数据库、国泰安（CSMAR）数据库和 WIND 数据库。国家创新型试点城市获批信息来自国家发展改革委和科技部网站[①]。本书在实证分析中还控制了城市层面的影响因素，相关数据来自各年份的《中国城市统计年鉴》和《中国区域统计年鉴》。

三、变量定义

（一）企业创新

企业创新（Enterprise Innovation）本质上是企业对创新项目投入到产出经济效益的过程，企业创新发展与科技研发投入力度、最终产品形式等息息相关。因此，本章主要采用两种标准、三种指标来衡量企业创新情况。即借鉴温军和冯根福（2012）、江轩宇（2016）的做法，用创新投入和创新产出两种标准来衡量企业创新能力。基于企业创新投入的视角，本章选取企业研发强度[②]（R&Dint）来衡量企业创新投入情况，该指标的具体内容是研发费用占营业收入的百分比。

基于企业创新产出视角，本章采用发明专利申请量[③]（Numpatent）来衡量企业创新的数量效应，该指标参照 Levine et al.（2015）的方法，具体使用“发明专利申请量加 1，并取自然对数”作为代理指标。根据世界知识产权组织（WORLD INTELLECTUAL PROPERTY ORGANIZATION，

---

① 在本研究中，北京市、上海市、天津市和重庆市分别仅有一个市辖区（分别为海淀区、杨浦区、滨海新区、沙坪坝区）获批为国家创新型试点城区，若将上述辖区的企业样本作为创新型试点城市（区）样本，可能会因其容易受本市其他辖区不可观测因素外溢效应的影响而使得估计结果存在偏误，故对这 4 个国家创新型试点城区中的企业样本进行删除处理。

② 该指标相对于研发投入的绝对量指标，可以剔除规模效应（潘越等，2015）。

③ 发明专利的认定最为严格，知识产权管理机构对发明专利的新颖性、创新性和实用性都有严格的要求；发明专利的申请人一般需要花费 2～3 年才能获得认定，授权率在 40%～50%。发明专利被认为是三类专利中最为优质、对企业最有价值的一类专利（李诗等，2012）。

WIPO）发布的国际专利、国际商标和设计体系报告，2022 年我国专利申请量居世界第一。专利分为发明专利、外观设计专利以及实用新型专利（余明桂等，2016），其中发明专利技术要求高、获取难度大、创新程度高且申请认定也非常严格，能够较好地衡量企业的实质性创新能力（黎文靖和郑曼妮，2016）。因此，本书选用发明专利申请量作为企业创新的数量指标，并且根据申请时间来定义专利产出［由于专利的申请时间可以更加准确地反映出企业创新产出的实际时间（Cornaggia et al.，2015）］。

另外，本章采用专利引用量（Quapatent）来衡量企业创新的质量效应。企业创新水平的衡量不仅基于专利数量，还基于专利质量。虽然专利的申请量多能在一定程度上体现企业具有较强的创新能力，但专利数量多并不代表专利质量就高。专利质量代表了专利的价值和对社会的贡献程度，仅用企业专利数量无法完全反映企业创新的全部信息，而专利被引用的数量越多则能在一定程度上反映专利的质量和持续性价值（陈强远等，2020）。

专利引用可以更加清晰地阐释发明专利的技术背景，体现和对比发明专利与被引用专利的区别与效果，因此也更容易让专利审查员更好地了解该发明并表征这两项专利在技术上的关联性。专利引用信息主要来源于以下两种渠道：一是由专利发明人在申请前提供，并在相关文件中详细说明专利技术背景及其引用的参考文献，以展示该项专利技术与以往相关的专利技术之间的差异性和新颖性；二是由专利审查员在审查过程中加入，审查员进行专利检索并搜寻与该项发明保护的技术领域里最为接近的现有技术，并综合判断一项专利是否具有新颖性和创造性。专利引用不仅能够追踪专利的技术发展路径、变化趋势和知识网络，展示技术创新的动态过程，还能够揭示专利技术在不同部门和不同行业间的知识流动特征（Adam Jeffe & Manuel Trajtenberg，*Patents*，*Citations and Innovations*，2002）。本章采用每年新增专利引用量来评估企业创新价值，表征企业创新的质量效应。此外，为避免选取的企业创新代理指标可能存在的测量误差，本章还在稳健性检验中将企业创新投入指标替换为研发费用的自然对数，企业创新数量指标替换为专利引用量加 1 的自然对数，将企业创新质量指标替换为专利引用量。

（二）国家创新型试点城市的虚拟变量

具体而言，当某个城市获批成为国家创新型试点城市的当年及以后，国家创新型试点城市的虚拟变量（NIPC）为 1，否则为 0，该变量是创新型试点城市分组（试验组和对照组）虚拟变量 treat 与政策时间虚拟变量 time 的交乘项。

（三）其他控制变量

为控制试验组和对照组之间政策试点冲击以外的差异，本书借鉴 Fang et al.（2014）、余明桂等（2016）、龙小宁和林菡馨（2018）等的研究，分别控制了企业层面、地区和行业层面的变量。企业层面的变量包括企业所有制性质（SOE）、企业规模（Size）、企业上市年龄（Age）、资产负债率（Lever）、资产报酬率（Roa）、现金流比率（CF）、第一大股东持股占比（Lash）、两职合一（Dual）、固定资产占比（Fix）、独立董事占比（Indra）。

地区和行业层面的变量包括基础设施（Infra）、人口密度（Pop_d）、对外开放水平（Trade）、赫希曼-赫芬达尔指数（HHI）。此外，本书还控制了企业虚拟变量、城市虚拟变量、行业虚拟变量和年份虚拟变量。

上文中所述的变量的定义如表 5.2 所示。

表 5.2　变量的定义

变量类型	变量名称	符号	定义
被解释变量：企业创新	企业研发强度	R&Dint	研发投入（费用）占营业收入的百分比（%）
	企业创新数量	Numpatent	公司在某一年申请的发明专利申请量加 1 的自然对数
	企业创新质量	Quapatent	每年新增专利引用量的自然对数
	研发费用	R&D_exp	研发投入（费用）的自然对数
	总专利申请数	Tolpatent	公司在某一年申请的专利总数（发明专利+实用专利+外观专利）加 1 的自然对数
	累计专利引用量	Cumpatent	专利累计引用量的自然对数

表 5.2 续

变量类型	变量名称	符号	定义
解释变量	国家创新型试点城市虚拟变量	NIPC	当某个城市获批成为国家创新型试点城市当年及以后，该值为 1，否则为 0
其他控制变量	企业所有制性质	SOE	国有企业取值为 1，非国有企业取值为 0
	企业规模	Size	公司总资产的自然对数
	企业上市年龄	Age	当期年份减去企业上市年份加 1 的自然对数
	资产负债率	Lever	公司总负债与总资产的比值
	资产报酬率	Roa	企业净利润与总资产的比值
	现金流比率	CF	经营活动产生的现金流量净额与总资产的比值
	第一大股东持股占比	Lash	公司第一大股东持股与总股本的比值
	两职合一	Dual	董事长与总经理由一人兼任取值为 1，否则为 0
	固定资产占比	Fix	公司固定资产与总资产的比值
	独立董事占比	Indra	独立董事人数与董事会总人数的比值
	基础设施	Infra	城市人均道路面积的自然对数
	人口密度	Pop_d	城市单位面积上人口数量的自然对数
	对外开放水平	Trade	对外贸易依存度，地区进出口额之和与 GDP 的比值
	赫希曼-赫芬达尔指数	HHI	$HHI=\sum\left(\frac{X_i}{X}\right)^2$，$X=\sum X_i$，其中，$X_i$ 为 i 行业的营业收入

四、描述性统计

表 5.3 和表 5.4 给出了本书相关变量的描述性统计结果。根据表 5.3 可知，企业研发强度的均值为 3.3996，中位数为 3.1464，标准差为 2.7426，表明上市公司之间的研发强度呈现出较大差异特征。已有文献（倪骁然和朱玉杰，2016）发现专利申请指标普遍呈现显著右偏的特征，

为缓解该现象，本书对专利申请量和专利引用量均进行取对数处理。由结果可知，企业创新数量和企业创新质量的均值分别为 1.7992 和 2.1625，中位数分别为 1.7918 和 2.0794，标准差分别为 1.3270 和 1.3803，以上问题得到有效解决。研发费用、总专利申请数和累计专利引用量的结果与企业创新数量和企业创新质量类似，此处不再赘述。表 5.4 对国家创新型试点城市与非国家创新型试点城市两组样本中的企业技术创新指标进行了 t 检验。由结果可知，国家创新型试点城市中企业的研发强度、发明专利申请量和专利引用量均显著高于非国家创新型试点城市的企业，说明国家创新型试点城市中企业创新的投入力度和企业创新的数量和质量水平都相对更高。

表 5.3 相关变量的描述性统计结果（全样本）

变量	样本量	均值	标准差	最小值	中位数	最大值
R&Dint	13227	3.3996	2.7426	0.0844	3.1464	10.4523
Numpatent	13063	1.7992	1.3270	0	1.7918	4.3175
Quapatent	11296	2.1625	1.3803	0	2.0794	9.5364
NIPC	13227	0.5574	0.4967	0	1	1
Dual	13227	0.2848	0.4513	0	0	1
SOE	13227	0.3210	0.4669	0	0	1
CF	13225	0.0437	0.0724	-0.4915	0.0420	0.6612
Size	13227	21.8440	1.1610	17.4260	21.6952	26.5303
Lever	13227	0.3995	0.2013	0.0075	0.3883	0.9947
Roa	13226	0.0502	0.0589	-0.5210	0.0447	0.6689
Indra	13223	0.3720	0.0538	0.1429	0.3333	0.7143
Fix	13227	0.2257	0.1488	0	0.1984	0.9204
Age	13148	1.8396	0.9037	0	1.9459	3.2958
Lash	13227	0.3478	0.1452	0.0220	0.3333	0.9500
HHI	13227	0.1008	0.0943	0.0147	0.0760	0.7020
Trade	13172	0.5178	0.6122	0	0.3171	3.5140
Pop_d	11614	6.6938	0.9691	1.6418	6.5765	8.7217
Infra	11566	1.7086	0.6324	-1.8614	1.7950	3.6257

表 5.4　相关变量的描述性统计结果（国家创新型试点城市与非国家创新型试点城市中的企业创新指标比较）

变量	国家创新型试点城市		非国家创新型试点城市		Wilcoxxon 秩和检验	
	均值	中位数	均值	中位数	均值	中位数
R&Dint	3. 6699	3. 263	2. 9179	3. 009	0. 7521***	0. 224***
Numpatent	1. 8591	1. 792	1. 728	1. 609	0. 1665***	0. 183***
Quapatent	2. 2161	2. 079	2. 0661	1. 946	0. 1500***	0. 133***

注：*、**和***分别表示在10%、5%和1%水平上显著。均值检验采用 t 检验方法，中值检验采用 Wilcoxxon 秩和检验方法。

为了更好地展示国家创新型试点城市的企业创新效应的空间分布特征，本章参考孟美侠等（2019）的方法，绘制了国家创新型试点城市（试验组）与非国家创新型试点城市（对照组）的企业创新变量（企业研发强度 R&Dint、企业创新数量 Numpatent 和企业创新质量 Quapatent）的核密度图，如图 5. 2 所示。由图可以看出，国家创新型试点城市的曲线相对于非国家创新型试点城市发生了右移，并且核密度图有较厚的上尾，而且创新型试点城市曲线的峰值更低，说明国家创新型试点城市中创新水平低的企业更少，该图整体表明国家创新型试点城市的企业相对于非国家创新型试点城市的企业表现出更高的创新水平。由此可以初步了解国家创新型试点城市与企业创新之间的关系，为后面的实证分析提供一定的参考依据。

第二节　实证分析

一、基准回归结果

为了验证国家创新型城市试点工作与企业创新之间的关系，本书对模型（5. 7）和模型（5. 8）分别进行了回归分析。根据表 5. 5 的基准回归结果，该表的被解释变量为研发强度、发明专利申请量和专利引用量，分别用以表征企业创新投入、企业创新产出数量和创新质量，每列均控制了时间、行业、城市和企业固定效应，其中第 1~第 3 列为未加入控制变量的估

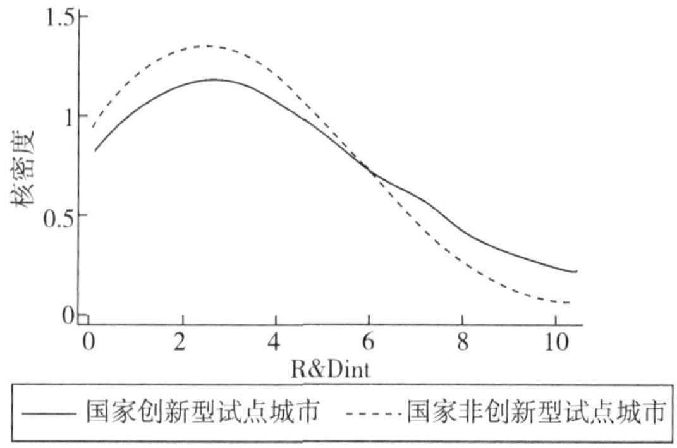

（a）研发强度

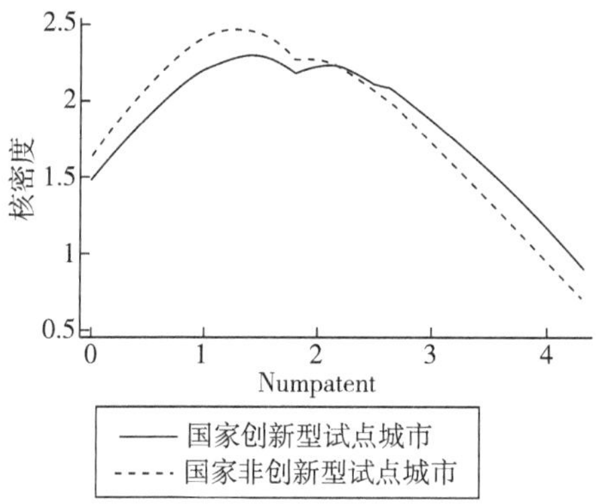

（b）创新数量

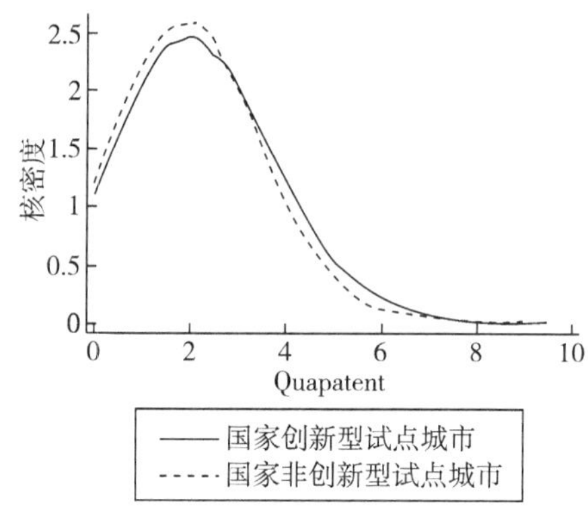

（c）创新质量

图 5.2　企业创新变量的核密度图

计结果，第 4~第 6 列呈现了加入企业层面、城市层面和行业层面的控制变量之后的估计结果。由表 5.3 和表 5.4 可知，在所有的回归结果中，本书所关注的 NIPC 的估计系数均显著为正，说明在其他条件不变的情况下，国家创新型试点城市中的企业创新水平要高于非国家创新型试点城市的企业，企业所在城市获批国家创新型试点城市后，可以显著地提升企业的研发强度和企业创新产出的数量和质量。严格控制相关变量以及时间、行业、城市和企业固定效应后，本章的估计结果依然稳健。由 NIPC 的估计系数大小来看，企业所在城市获批国家创新型试点城市后，其研发强度增加约 0.5%，发明专利申请量提高约 17.3%，专利引用量增加约 46.8%，表明获批成为国家创新型试点城市既促进了企业创新投入的增加，也带来了企业创新产出的数量和质量的提升，激发了企业更多具有实质性和有价值性创新成果的产出。

由控制变量的回归结果来看，平均而言，两职合一的估计系数（Dual）仅在第5列中显著为正，在第4列和第6列中均在统计上不显著，表明企业董事长和总经理两职合一的管理模式更有利于提升企业的发明专利申请量，进而提升企业创新水平。企业所有制性质（SOE）的估计系数为负，但在统计上并不显著，说明国有企业并未表现出更强更显著的创新能力和水平。企业规模（Size）的估计系数均显著为正，说明规模越大的企业研发强度越高、发明专利申请量越多，且其专利价值含量越高，整体表现出更强的创新能力。负债率（Lever）的估计系数均显著为负，表明负债率越高越不利于企业的创新，该结果与已有研究（孔东民等，2017；倪骁然和朱玉杰，2016）的结论是一致的。企业年龄（Age）与企业创新呈正相关关系，表明企业随着年龄的增长，积累了大量的生产和经营的经验，更能意识到创新所带来的竞争力和生存的重要性，更倾向于加强研发和创新来保持其市场竞争力。

表 5.5　基准回归结果

变量	(1)	(2)	(3)	(4)	(5)	(6)
	R&Dint	Numpatent	Quapatent	R&Dint	Numpatent	Quapatent
NIPC	0.7342***	0.4692***	0.8785***	0.4982***	0.1733**	0.4679***
	(0.0924)	(0.0826)	(0.1469)	(0.1059)	(0.0785)	(0.1095)
Dual				−0.0289	0.0985**	0.0183
				(0.1145)	(0.0476)	(0.0417)
SOE				−0.4765	−0.1323	−0.0225
				(0.2964)	(0.1666)	(0.0803)
CF				−0.3838	−0.0858	−0.0128
				(0.3040)	(0.1408)	(0.1623)
Size				0.1779**	0.4891***	0.5054***
				(0.0825)	(0.0563)	(0.0508)
Lever				−2.3484***	−0.3808***	−0.6947***
				(0.2635)	(0.1363)	(0.1211)

表 5.5 续

变量	(1)	(2)	(3)	(4)	(5)	(6)
	R&Dint	Numpatent	Quapatent	R&Dint	Numpatent	Quapatent
Roa				−3.2362***	0.1098	−1.0529***
				(0.8349)	(0.2768)	(0.2560)
Indra				−0.2623	0.0440	−0.7904***
				(0.5605)	(0.2420)	(0.2484)
Fix				0.1302	0.0462	0.0211
				(0.3536)	(0.2293)	(0.1568)
Age				0.0634	0.1848***	0.4213***
				(0.0669)	(0.0452)	(0.0487)
Lash				−0.5701	−0.3283	−0.1521
				(0.4648)	(0.3309)	(0.2897)
HHI				−0.5579	0.1338	−1.0243*
				(0.5596)	(0.4191)	(0.5848)
Trade				−0.1863	−0.1608**	−0.3262***
				(0.1829)	(0.0725)	(0.0938)
Pop_d				0.7178	−0.3230	0.4589
				(0.5246)	(0.2608)	(0.3853)
Infra				0.6935***	0.2002*	0.5625***
				(0.1824)	(0.1105)	(0.1301)
常数项	3.0071***	1.5447***	1.6629***	−5.2199	−7.2118***	−12.9448***
	(0.0515)	(0.0459)	(0.0849)	(3.5616)	(1.7989)	(2.7088)
年份固定效应	是	是	是	是	是	是
城市/行业固定效应	是	是	是	是	是	是
企业固定效应	是	是	是	是	是	是
样本量	12984	12807	11074	10259	10240	8619
adj. R^2	0.794	0.647	0.750	0.804	0.681	0.794

注：1. 表中括号内为城市层面聚类的稳健标准误差，*、**和***分别表示在10%、5%和1%水平上显著。本书所有回归模型的显著性水平均按此类标准，因此后文不再赘述。

2. 表中空白处表示该变量未加入模型，后表同。

3. adj · R^2 是指经修正的拟合优度，反映模型拟合情况，是回归结果报告的必要部分，实证研究里一般会列出但不单独说明分析。

二、平行趋势假设与动态检验

采用双重差分法对国家创新型城市试点工作效果进行评估的重要假设是结果变量在试验组和对照组之间满足平行趋势（共同趋势）假设，即若无政策试点冲击下，结果变量在两组样本中的变化趋势是相同的。为了检验两组样本是否满足平行趋势假设，本书采用严谨的实证方法来进行验证。具体地，本书借鉴 Jacobson et al.（1993）、郭峰和熊瑞祥（2017）的做法，采用事件研究法（Event study）对获批国家创新型试点城市的动态效应进行检验，设定如下回归模型：

$$R\&Dint_{ijct} = \alpha + \sum_{k=-2,\ k\neq 0}^{6} \gamma_{\tau} NIPC_{ct}^{\ k} + \delta Control_{ijct} + \lambda_i + \mu_j + \varphi_c + \omega_t + \varepsilon_{ijct} \tag{5.9}$$

$$Y_{ijct}(Numpatent_{ijct},\ Quapatent_{ijct}) = \beta + \sum_{k=-2,\ k\neq 0}^{6} \theta_{\tau} NIPC_{ct}^{\ k} + \delta Control_{ijct} + \lambda_i + \mu_j + \varphi_c + \omega_t + \varepsilon_{ijct} \tag{5.10}$$

其中，$NIPC^k$ 是代表获批国家创新型试点城市这一“事件”的虚拟变量。设 τ_c 为城市 c 获批国家创新型试点城市的具体时间，当 $t-\tau_c=k$ 时，$NIPC^k$ 取值为 1，否则取值为 0。本书将获批国家创新型试点城市的当年作为基准年，即舍弃了 $k=0$ 的虚拟变量。表 5.6 的回归结果中 $NIPC^k$ 的一系列系数便反映了试验组与对照组的企业研发强度和发明专利申请量的时间变化趋势是否存在显著差异。

由表 5.6 可知，无论是企业的研发强度，还是发明专利申请量和专利引用量，估计结果均显示 $NIPC^{-4}$ 到 $NIPC^{-1}$ 的系数不显著，表明在获批国家创新型试点城市之前，创新型试点城市企业和非创新型试点城市企业的创新能力并不存在明显差异，平行趋势假设成立；而在获批国家创新型试点城市后，$NIPC^k$ 的系数始终显著为正并逐年增大，表明国家创新型城市试点工作对企业创新投入和企业创新产出的数量和质量促进效果逐渐增大，并且可以持续较长时间。同时，随着国家创新型试点城市数量增加且推广范围不断扩大，试点城市的企业创新效果也越来越明显，意味着国家创新型城市试点工作对企业创新投入以及对企业创新数量和质量的激励效应具有持续性。另外，本书还给出了平行趋势效果图（见图 5.3），刻画了 $NIPC^k$ 的估计系数在 95%置信区间的走势，更加直观地展示出获批国家创新型试点城市前后的趋势变化。

表 5.6 平行趋势与动态效果检验

变量	(1)	(2)	(3)
	R&Dint	Numpatent	Quapatent
$NIPC^{-4}$	0.0459	0.0755	0.0075
	(0.2225)	(0.1546)	(0.2502)
$NIPC^{-3}$	0.1305	-0.2130	-0.1596
	(0.4220)	(0.1613)	(0.3183)
$NIPC^{-2}$	0.1763	-0.0417	-0.1937
	(0.4171)	(0.1401)	(0.3568)
$NIPC^{-1}$	0.4510	0.1135	0.1532
	(0.3627)	(0.1323)	(0.2588)
$NIPC^{0}$	0.5713*	0.0804	0.2284
	(0.3295)	(0.1023)	(0.2381)
$NIPC^{1}$	0.6180*	0.1404	0.3761*
	(0.3324)	(0.1015)	(0.2221)
$NIPC^{2}$	0.6673**	0.1657*	0.4290**
	(0.2812)	(0.0871)	(0.2002)
$NIPC^{3}$	0.7608***	0.1921**	0.4534**
	(0.2767)	(0.0875)	(0.2122)
$NIPC^{4}$	0.8792***	0.2470***	0.6079***
	(0.2953)	(0.0893)	(0.2175)
$NIPC^{5}$	0.7184**	0.1612**	0.4402**
	(0.2805)	(0.0813)	(0.1977)
$NIPC^{6}$	0.8666***	0.2275***	0.4295**
	(0.2556)	(0.0798)	(0.1758)
常数项	-3.7665	-6.2340***	-11.4179***
	(3.6031)	(1.9532)	(2.7774)

表 5. 6 续

变量	(1)	(2)	(3)
	R&Dint	Numpatent	Quapatent
控制变量	是	是	是
年份固定效应	是	是	是
城市/行业固定效应	是	是	是
企业固定效应	是	是	是
样本量	10259	10240	8619
adj. R^2	0. 805	0. 682	0. 797

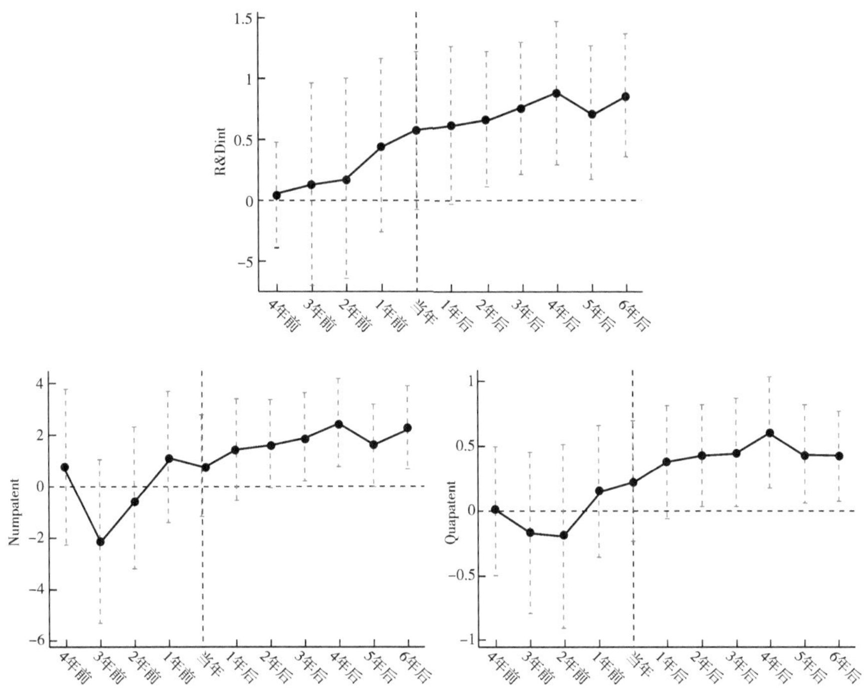

图 5. 3　平行趋势效果图

三、稳健性检验

为验证基准回归结果的稳健性和可靠性，本章对国家创新型城市试点工作与企业创新两者之间的关系进行了包括倾向得分匹配-双重差分法

（PSM-DID）、工具变量法（IV）、安慰剂检验（Placebo test）、更换数据库样本和 Helkman 两步法等一系列的稳健性检验，具体检验过程如下。

（一）倾向得分匹配-双重差分法

由于本书的试验组与对照组包含了各城市与行业的企业，因此在获批国家创新型试点城市之前两组样本间的特征可能存在差异，从而产生样本选择性偏差等问题而影响基准回归结果的可靠性。为应对该问题带来的影响，本书首先采取倾向得分匹配法（Propensity Score Matching）为试验组（国家创新型试点城市）企业匹配更加合适的对照组（非国家创新型试点城市企业）样本，然后利用双重差分模型对上述可能存在的偏差予以校正。具体地，本书以模型（5.7）和模型（5.8）中所涉及的企业、城市和行业层面控制变量对国家创新型试点城市与非国家创新型试点城市的分组变量进行 Logit 估计以获得倾向性得分，然后基于核匹配的方法对创新型试点城市企业和非创新型试点城市企业两组样本进行得分匹配，筛选出合适的对照组并剔除未进入对照组的企业样本，再依照模型（5.7）和模型（5.8）进行双重差分估计。表 5.7 的第 1、第 2 列报告了估计结果，NIPC 的系数无论对于企业创新投入还是对企业创新产出的数量和质量，均显著为正，与基准结果一致，本章研究结论依然成立。

表 5.7　PSM-DID 检验结果

变量	(1)	(2)	(3)
	R&Dint	Numpatent	Quapatent
NIPC	0.4725***	0.1527**	0.4579***
	(0.1026)	(0.0772)	(0.1081)
常数项	-7.0498*	-8.1855***	-13.4277***
	(3.6350)	(1.8144)	(2.7143)
控制变量	是	是	是
年份固定效应	是	是	是

表 5.7 续

变量	(1)	(2)	(3)
	R&Dint	Numpatent	Quapatent
城市/行业固定效应	是	是	是
企业固定效应	是	是	是
样本量	10266	10247	8650
adj. R^2	0.804	0.682	0.795

（二）工具变量法

本章的基准回归模型采用双重差分模型，除了能控制国家创新型城市试点工作过程中可能产生的时序效应，还能在一定程度上避免其他因素的干扰，从而更精准地检验国家创新型城市试点工作与企业创新之间的因果关系。

为解决可能存在的内生性问题，本章采用工具变量法对基准结果进行估计，对可能存在的内生性偏误予以校正。具体而言，我们选用与同省级行政区内首个国家创新型试点城市的地理距离的倒数作为工具变量，当与同省级行政区首个国家创新型试点城市距离越近时，示范效应与模仿效应便越强，地方越容易开展申报创新型城市试点工作（Mooney，2001），也越有可能获批试点城市，因此，该工具变量与获批试点城市的概率呈正相关，符合相关性假设；其他城市是否获批国家创新型试点城市并不直接影响本地的企业技术创新水平，而是通过影响本地政府关于开展创新型城市工作的决策来间接影响企业技术创新，符合工具变量的外生性假设。

为更加严格地验证本章的工具变量是否符合相关性与外生性假设，本章进行了相应的实证检验。表 5.8 给出了工具变量排他性约束检验，用于验证工具变量的外生性，被解释变量 R&Dint、Numpatent 和 Quapatent 分别为研发强度、发明专利申请量和专利引用量。由排他性约束检验结果可知，第 1、第 3 和第 5 列中的工具变量 NIPC_IV 对企业创新代理变量的估计系数均显著为正，第 2、第 4 和第 6 列在其基础上加入了试点城市变量

NIPC，此时工具变量 NIPC_IV 的系数不再显著，而试点城市变量 NIPC 的系数显著为正，说明本书的工具变量仅通过试点城市来影响企业创新，而不会通过其他路径，因此，工具变量符合外生性假设。表 5.9 给出了工具变量检验结果，第 1 列是采用两阶段最小二乘法（2SLS）的第一阶段回归结果，用于验证工具变量的相关性。通过第一阶段回归结果可知，工具变量与试点城市变量显著正相关，且 F 统计量远大于 10，不存在弱工具变量问题，验证了工具变量的相关性假设。通过以上严谨的实证检验，可以认为本书所采用的工具变量是有效的、合理的，有助于准确地识别出国家创新型城市试点工作与企业创新的因果关系。表 5.9 的第 2~第 4 列给出了第二阶段工具变量的回归结果，结果显示国家创新型城市试点工作显著地促进了企业创新投入以及企业创新数量和质量的提升，与本书基准估计结果保持一致，证明了本书研究结论的稳健性与可靠性。另外，与基准回归的最小二乘法结果相比，表 5.9 中的工具变量估计系数大小有所增加，表明潜在的内生性问题导致最小二乘法估计向下偏误，低估了国家创新型试点城市建设的政策效果。

表 5.8　工具变量的排他性约束检验

变量	(1)	(2)	(3)	(4)	(5)	(6)
	R&Dint	R&Dint	Numpatent	Numpatent	Quapatent	Quapatent
NIPC_IV	0.0059***	0.0036	0.0022**	0.0015	0.0029**	0.0015
	(0.0023)	(0.0023)	(0.0011)	(0.0011)	(0.0013)	(0.0013)
NIPC		0.5267***		0.1554***		0.4315***
		(0.0939)		(0.0517)		(0.0574)
控制变量	是	是	是	是	是	是
年份固定效应	是	是	是	是	是	是
城市固定效应	是	是	是	是	是	是
行业固定效应	是	是	是	是	是	是
样本量	10520	10520	11395	11395	9749	9749
R^2	0.519	0.520	0.386	0.387	0.413	0.417

表 5.9 工具变量检验结果

变量	第一阶段	第二阶段		
	(1)	(2)	(3)	(4)
	NIPC	R&Dint	Numpatent	Quapatent
NIPC_IV	0.0044***			
	(0.0004)			
NIPC		1.3393***	0.5078**	0.8649**
		(0.5050)	(0.2436)	(0.3644)
控制变量	是	是	是	是
年份固定效应	是	是	是	是
城市固定效应	是	是	是	是
行业固定效应	是	是	是	是
第一阶段 F 值	54.05			
样本量	10520	10520	11395	9749
R^2	0.815	0.124	0.159	0.256

(三) 安慰剂检验

为进一步验证国家创新型试点城市的企业创新影响效应是否会随获批时间变化而产生不一致的效果，本书对估计结果进行了安慰剂检验（Placebo test），该检验方法的作用在于排除遗漏变量导致的虚假回归，以确保政策试点获批处理效应的真实有效性。具体做法为：将获批国家创新型试点城市事件的发生时间向前平推 2 年，构建出虚假时间获批的试点城市变量（$NIPC^{placebo}$），对基准模型（5.7）和模型（5.8）进行回归。若本书的政策处理效应并不存在，则更改国家创新型试点城市的获批时间后，$NIPC^{placebo}$ 的系数会依然显著，否则，证明政策试点获批处理效应是真实有效的。安慰剂检验结果如表 5.10 所示，无论被解释变量是企业研发强度、专利申请量还是专利引用量，$NIPC^{placebo}$ 的估计系数均不显著，安慰剂检验表明虚假时间获批的国家创新型试点城市不会影响企业创新，证明了基准结果的稳健性。

表 5.10 安慰剂检验结果

变量	(1)	(2)	(3)
	R&Dint	Numpatent	Quapatent
$NIPC^{placebo}$	0.1806	0.0417	0.0426
	(0.1655)	(0.0710)	(0.0859)
常数项	5.5481	-2.4257	-1.4391
	(3.5017)	(2.1872)	(1.8693)
控制变量	是	是	是
年份固定效应	是	是	是
城市/行业固定效应	是	是	是
企业固定效应	是	是	是
样本量	10258	10239	8619
adj. R^2	0.810	0.686	0.817

(四) 更换数据库样本

考虑到中国工业企业数据库相对于国泰安数据库更能全面地反映中国企业的基本情况和经营状况①，并且其大样本的优势有利于降低估计的近似偏误，提升估计效率（聂辉华等，2012），因此，本章首先将中国工业企业数据库与中国专利数据库②进行匹配，然后运用该匹配数据替换原有上市公司数据样本进行实证分析。另外，需要说明的是，本章在该部分的实证中仅采用了2004年—2013年的样本，同时为降低估计偏误，在实证中剔除了2012年和2013年获批国家创新型试点城市中的企业样本。以上回归结果报告在表5.11中，被解释变量为发明专利申请量（Invpatent）和

① 国泰安上市公司数据相较于中国工业企业数据库的优势在于其指标更为全面、准确且提供数据的频率更高、更新。

② 该数据来源于国家知识产权局。

发明专利授权量（Invpatentgrant）①，第 1 列和第 2 列控制了年份、行业和城市固定效应，而第 3 列和第 4 列控制了年份固定效应和企业固定效应，结果显示 NIPC 的系数均显著为正，表明在极大地丰富微观企业样本后，本书基准结果所得出的研究结论的稳健性再次得以验证。

表 5.11　基于中国工业企业数据库的企业样本检验结果

变量	(1)	(2)	(3)	(4)
	Invpatent	Invpatentgrant	Invpatent	Invpatentgrant
NIPC	0.0359***	0.0150***	0.0285***	0.0140***
	(0.0092)	(0.0032)	(0.0089)	(0.0034)
常数项	-0.2015***	-0.0802***	-0.1078*	0.0031
	(0.0560)	(0.0201)	(0.0562)	(0.0215)
控制变量	是	是	是	是
年份固定效应	是	是	是	是
城市/行业固定效应	是	是		
企业固定效应			是	是
样本量	2245464	2245464	2088907	2088907
adj. R^2	0.077	0.043	0.371	0.286

注：控制变量包括企业层面、城市层面和行业层面的变量，其中城市和行业层面变量与基准回归相同，企业层面变量包括企业规模、企业年龄、负债率、是否国有企业、固定资产占比和资产报酬率。

（五）Heckman 两步法

国家创新型城市试点工作所发挥的企业创新效应可能存在自选择问题，即创新能力更强的企业更可能位于国家创新型试点城市，从而更容易受到国家创新型城市试点工作的影响，进而产生样本自选择问题导致本章

① 本书成稿时，中国工业企业数据库与中国专利数据库匹配的数据样本中用于衡量创新的指标主要有专利申请量、专利授权量和研发费用，专利申请量和专利授权量的数据较为完整、缺失较少，而研发费用数据缺失十分严重。因此，本书在此采用发明专利申请量和发明专利授权量来衡量企业创新。

估计结果出现偏误。为了应对这一问题，本章参考陈强远等（2020）的做法，采用 Heckman 两步法对自选择效应进行处理，具体步骤如下：第一步，选择方程，估计企业进行创新行为的概率，得到逆米尔斯比例 lambda，其中 NumpatentYN 表示是否有发明专利，QuapatentYN 表示是否有引用量；第二步，将估计得到的逆米尔斯比例 lambda 作为控制变量放入第二阶段的回归方程中进行回归，并严格控制企业固定效应、时间固定效应以及城市/行业固定效应，以处理选择偏误问题，进而更好地识别国家创新型城市试点工作对企业创新的政策试验激励效果。

通过表 5.12 的检验结果可以看出，在对回归方程进行严格控制后，专利引用量方程第二阶段的 lambda 是显著的，说明存在样本自选择问题且需要使用 Heckman 两步法进行自选择效应处理，此时国家创新型城市试点工作对企业创新产出的数量和质量效应仍然存在显著的正向影响效果，也进一步验证了本章结论的稳健性。另外，对于专利申请量的政策效果而言，lambda 的系数并不显著，说明基本不存在自选择问题。

表 5.12 Heckman 两步法检验结果

变量	(1)	(2)	(3)	(4)
	选择方程	专利申请量方程	选择方程	专利引用量方程
	NumpatentYN	Numpatent	QuapatentYN	Quapatent
NIPC	-0.0333	0.1479*	0.2325***	0.7216***
	(0.0336)	(0.0844)	(0.0342)	(0.1448)
lambda		1.6458		2.5253**
		(1.5648)		(1.0221)
常数项	-3.5798***	-10.8342***	-4.8997***	-19.6002***
	(0.3472)	(4.1081)	(0.3655)	(3.7203)
控制变量	是	是	是	是
年份固定效应	是	是	是	是
城市/行业固定效应	是	是	是	是
企业固定效应	是	是	是	是
样本量	10540	10240	10540	8619

（六）其他稳健性检验

1. 变量替换

本书分别采用研发费用的自然对数（R&Dexp）作为企业研发强度的替代指标，总专利申请量（发明专利申请量、实用专利申请量和外观专利申请量之和）加 1 的自然对数（Tolpatent）作为企业创新数量的替代指标，累计专利引用量（Cumpatent）作为企业创新质量的替代指标，对基准模型进行回归。表 5.13 的第 1～第 3 列为更换变量的回归结果，可以发现 NIPC 的估计系数仍显著为正，与研究结论一致。

2. 改变估计方法

鉴于本书所采用的发明专利申请量和专利引用量这两个指标在未取自然对数前本身是非负整数，为提高估计结果的稳健性，采用泊松回归。表 5.13 的第 4 列和第 5 列为更换估计方法的回归结果，可以发现 NIPC 的估计系数依然显著为正。

表 5.13　其他稳健性检验结果

变量	(1)	(2)	(3)	(4)	(5)
	更换被解释变量			泊松回归	
	R&Dexp	Tolpatent	Cumpatent	Numpatent	Quapatent
NIPC	0.2543***	0.1283*	0.5397***	0.2995***	0.6550***
	(0.0813)	(0.0753)	(0.1163)	(0.0967)	(0.1353)
常数项	-12.6008***	-9.1037***	-15.985***	-31.8221***	-25.0186***
	(2.5377)	(2.1413)	(3.3633)	(3.1626)	(4.4393)
控制变量	是	是	是	是	是
年份固定效应	是	是	是	是	是
城市/行业固定效应	是	是	是	是	是
企业固定效应	是	是	是	是	是
样本量	10259	10240	8619	10435	8790
adj. R^2	0.790	0.698	0.900	—	—

3. 剔除部分样本

本书为再次缓解潜在的遗漏变量和选择性偏误等问题，剔除内生性较为严重深圳、广州两个城市[①]的企业样本进行回归。表 5. 14 的第 1～第 3 列为剔除北京、上海、广州、深圳四个城市的回归结果，可以发现 NIPC 的估计系数仍显著为正，与研究结论一致。考虑到在获批国家创新型试点城市后，其他城市的企业可能会转移到该试点城市，使得前文估计的结果中存在企业空间转移效应，为排除此干扰，本书剔除了 2008 年之后成立的企业样本，即仅保留国家创新型试点城市获批以前的企业样本进行回归。表 5. 14 的第 3～第 6 列为剔除 2008 年以后成立的企业样本回归结果，可以发现无论被解释变量是研发强度、发明专利申请量还是专利引用量，NIPC 的估计系数均显著为正，与基准结果一致，研究结论非常稳健。

表 5. 14　剔除部分样本检验结果

变量	(1)	(2)	(3)	(4)	(5)	(6)
	剔除北上广深			剔除 2008 年之后成立的企业		
	R&Dint	Numpatent	Quapatent	R&Dint	Numpatent	Quapatent
NIPC	0. 4982***	0. 1733***	0. 4679***	0. 5087***	0. 1773***	0. 4813***
	(0. 1301)	(0. 0593)	(0. 0491)	(0. 1353)	(0. 0646)	(0. 0527)
常数项	-5. 2199*	-7. 2118***	-12. 9448***	-5. 5142*	-7. 3415***	-13. 2221***
	(3. 0477)	(1. 5740)	(2. 0388)	(3. 0628)	(1. 5530)	(2. 1866)
控制变量	是	是	是	是	是	是
年份固定效应	是	是	是	是	是	是
城市/行业固定效应	是	是	是	是	是	是
企业固定效应	是	是	是	是	是	是
样本量	10259	10240	8619	9750	9735	8195
adj. R^2	0. 802	0. 678	0. 792	0. 796	0. 678	0. 791

① 本书实际是删除北京、上海、广州和深圳四个城市样本，但北京和上海因前文提及的原因已删除，因此，此处仅删除深圳和广州两个城市样本即可。

第三节　异质性检验

考虑到企业生命周期、所有制、技术水平和企业所在地区的特征不同，国家创新型试点城市的企业创新效应可能存在差异化影响效果，本章分别对企业生命周期、所有制性质、技术水平和企业所在地区异质性进行回归分析。

一、企业生命周期异质性

企业是在从出生到死亡的生命周期过程中具有生命状态的组织（Adizes，1979；Hasan et al.，2015），当企业处于不同的生命周期阶段，其资源整合能力、财务经营情况、组织管理模式和技术创新能力等均存在明显的差异特征（解维敏和方红星，2011；刘诗源等，2020）。随着国家创新型城市试点工作相关政策文件的出台和推进，企业为了抓住政策机遇进行研发创新的动力，需要根据企业自身资源禀赋和不同发展阶段需求做进一步的综合评估。为了进一步打开国家创新型城市试点工作对不同生命周期阶段企业的创新效应的“黑箱”，检验获批成为国家创新型试点城市是否会造成企业创新效应在不同生命阶段的差异化表现，本章参考 Dickinson（2011）提出的现金流模式法将企业生命周期阶段划分为成长期、成熟期和衰退期三个阶段，如表 5.15 所示。该方法主要是通过划分经营、投资和筹资三类活动的现金流净额正负特征组合，较为科学地反映处于不同生命

表 5.15　企业处于不同生命周期阶段的现金流特征组合

现金流	成长期		成熟期	衰退期				
	初创期	增长期	成熟期	衰退期	衰退期	衰退期	淘汰期	淘汰期
经营现金流净额	−	+	+	−	+	+	−	−
投资现金流净额	−	−	−	−	+	+	+	+
筹资现金流净额	+	+	−	−	+	−	+	−

周期的企业在风险、收益和增速等方面的特征，不仅能够有效规避行业的固有差异，而且能够避免生命周期样本划分的主观假设，具有较强的可操作性和客观性（童锦治等，2018）。

由表5.16给出的企业生命周期异质性检验结果可知，国家创新型城市试点工作能够显著提高每个生命周期阶段企业创新投入效果，但对不同生命周期阶段企业创新产出的数量和质量效果存在差异化影响。结果显示试点工作对成长期企业创新的数量和质量效应均具有正向激励作用，而对处于成熟期和淘汰期的企业创新具有质量效应但不存在数量效应。回归结果说明了成长期的企业发展势头强劲，具有强大的创新动力，在科技创新方面数量与质量并重，表现出较强的创新发展韧性。而对处于成熟期和淘汰期的企业来说，经过成长阶段的创新活动经验积累和市场经营模式探索，已经具有较强的抗风险能力、稳定的经营模式和丰厚的资金基础，在试点工作的助力下，能够激励企业倾向于选择具有长期回报效益的专利质量提升，从而对企业创新质量产生明显的激励效应。企业生命周期异质性检验结果也进一步表明：在国家创新型城市试点工作的过程中应充分给予成长型企业政策和资金支持，最大限度地激发成长型企业的强大创造力。成熟期企业可以根据自身的创新需求，借助国家创新型试点城市工作所提供的创新支持进一步提升专利质量水平，以维持市场竞争地位以及增强竞争力。

表5.16 企业生命周期异质性检验结果

变量		(1)	(2)	(3)	(4)
		全样本	成长期	成熟期	衰退期
被解释变量：研发强度（R&Dint）	NIPC	0.4982***	0.3980***	0.5797**	0.5605*
		(0.1059)	(0.1105)	(0.2229)	(0.3206)
	样本量	10259	6225	2443	785
	adj. R^2	0.804	0.779	0.846	0.780
被解释变量：发明专利申请量（Numpatent）	NIPC	0.1733**	0.1358**	0.2205	0.2646
		(0.0785)	(0.0674)	(0.1524)	(0.2349)
	样本量	10240	6213	2440	784
	adj. R^2	0.681	0.684	0.682	0.508

表 5.16 续

变量		(1)	(2)	(3)	(4)
		全样本	成长期	成熟期	衰退期
被解释变量：专利引用量（Quapatent）	NIPC	0.4679***	0.5045***	0.3125**	0.4292**
		(0.1095)	(0.1207)	(0.1561)	(0.2083)
	样本量	8619	5119	2049	681
	adj. R^2	0.794	0.782	0.808	0.732
控制变量		是	是	是	是
年份固定效应		是	是	是	是
城市/行业固定效应		是	是	是	是
企业固定效应		是	是	是	是

二、企业所有制异质性

本章根据企业实际控制权的性质，将创新型试点城市企业样本分为国有企业和非国有企业。根据表 5.17 给出的企业所有制异质性检验结果，第 1 列和第 2 列中 NIPC 的系数在两组样本中均显著为正，说明无论是国有企业还是非国有企业，国家创新型城市试点工作对两类企业的研发强度均具有显著促进效果。由第 3 列和第 4 列结果可知，NIPC 的系数仅在非国有企业样本中显著而在国有企业样本中不显著，说明国家创新型城市试点工作显著地促进了非国有企业发明专利申请量的增加，而这种企业创新的数量效应并未在国有企业表现得很明显。根据企业所有制异质性检验的结果，一方面，非国有企业相较于国有企业面临更激烈的市场竞争环境，使其更有动力专注于创新研发以快速取得市场竞争优势；另一方面，国有企业在一定程度上需要积极承担提供就业岗位和准公共品等社会责任，在一定程度上挤占了国有企业对于高投入、高风险且回报周期较长的实质性创新研发动力。由第 5 列和第 6 列的结果可知，国家创新型城市试点工作对国有企业和非国有企业的专利引用量都有显著提升效果，说明了国家创新型城市试点工作对企业创新质量具有明显的激励效应，也进一步折射出国家创新型城市试点工作能够强化企业技术创新影响力。

表 5.17 企业所有制异质性检验结果

变量	(1)	(2)	(3)	(4)	(5)	(6)
	国有企业 R&Dint	非国有企业 R&Dint	国有企业 Numpatent	非国有企业 Numpatent	国有企业 Quapatent	非国有企业 Quapatent
NIPC	0.4373**	0.5584***	0.2202	0.1011*	0.4962***	0.3304***
	(0.1692)	(0.1005)	(0.1346)	(0.0545)	(0.1152)	(0.0967)
常数项	-1.6898	-9.4831*	-7.2469**	-6.0255***	-13.6107***	-12.0691***
	(4.0803)	(5.5411)	(3.3839)	(2.2200)	(3.2023)	(3.0693)
控制变量	是	是	是	是	是	是
年份固定效应	是	是	是	是	是	是
城市/行业固定效应	是	是	是	是	是	是
企业固定效应	是	是	是	是	是	是
样本量	3489	6738	3489	6719	2941	5653
adj. R^2	0.765	0.801	0.706	0.660	0.806	0.783

三、企业技术水平异质性

高技术企业往往具有高投入、高收益、高科技、高增长、高人才密度和高风险这“六高”特点。技术创新是高技术企业旺盛生命力的动力源泉，企业只有不断进行创新才能获得生存与发展的机会（韩兵等，2018）。国家创新型试点城市的工作重点便是高技术企业或者创新企业，往往倾向于为这类企业提供更多的财税优惠、金融支持及制度便利。因此，本章认为国家创新型城市试点工作对高技术企业的创新提升效应要大于非高技术企业。本章按照《高技术产业（制造业）分类》[①] 的标准，将样本分为高技术企业和非高技术企业两组样本，并分别就国家创新型城市试点工作对

① 国家统计局官方网站公布的《高技术产业（制造业）分类》：https：//www.stats.gov.cn/sj/tjbz/gjtjbz/202302/P020230213402519726955.pdf.

于高技术企业和非高技术企业的企业创新投入力度以及企业创新产出的数量和质量效应进行回归。根据表 5.18 给出的企业技术水平异质性检验结果，NIPC 的系数在高技术企业和非高技术企业两组样本中均显著为正，说明国家创新型城市试点工作同时促进了高技术企业和非高技术企业创新水平提升。对比两组样本对不同企业创新指标的系数，无论被解释变量是企业研发强度（R&Dint）、发明专利申请量（Numpatent），还是专利引用量（Quapatent），国家创新型城市试点工作对高技术企业创新效应的促进作用大于非高技术企业，即试点工作的逐步推进，给高技术企业带来了更多的企业创新投入效果，且均激励了企业创新产出的数量和质量效应的提升。

表 5.18　企业技术水平异质性检验结果

变量	(1)	(2)	(3)	(4)	(5)	(6)
	高技术企业 R&Dint	非高技术企业 R&Dint	高技术企业 Numpatent	非高技术企业 Numpatent	高技术企业 Quapatent	非高技术企业 Quapatent
NIPC	0.8238***	0.3938***	0.2175**	0.1698*	0.5206***	0.4478***
	(0.2102)	(0.1070)	(0.0916)	(0.0893)	(0.1252)	(0.1219)
常数项	-7.5090	-3.9042	-10.1734***	-6.2227***	-15.9193***	-11.7468***
	(5.9534)	(3.6903)	(2.8748)	(2.2418)	(3.5309)	(3.1614)
控制变量	是	是	是	是	是	是
年份固定效应	是	是	是	是	是	是
城市/行业固定效应	是	是	是	是	是	是
企业固定效应	是	是	是	是	是	是
样本量	2414	7845	2412	7828	2232	6387
adj. R^2	0.767	0.799	0.665	0.668	0.818	0.775

四、地区层面异质性

不同地区的企业所面临的创新环境和基础服务设施存在较大差异。根据企业所在地区特征，本章将样本数据分为两组：东部地区（国家创新型试点城市）企业和中西部地区（国家创新型试点城市）企业。根据表5.19给出的地区异质性检验结果，NIPC的系数在东部地区企业和中西部地区企业两组样本中均显著为正，中西部地区企业样本中NIPC的估计系数大于东部地区，表明国家创新型试点城市工作同时促进了东部地区和中西部地区企业研发强度、发明专利申请量以及专利引用量，并且这种政策的激励提升效应在中西部地区更加明显。地区层面的异质性表明，国家创新型城市试点工作无论对东部地区还是中西部地区的企业创新投入以及企业创新产出的数量还是质量都有显著的促进作用。中西部地区企业对于试点工作的创新效果反映更为敏感，这是因为中西部地区企业创新基础较弱，对创新政策依赖性更大，使得企业创新效果对创新政策弹性也越大。另外，检验结果在一定程度上反映了国家创新型城市试点工作进一步缩小了东部地区和中西部地区的企业创新差距，也更好地解释和评估了试点建设的地区创新效果。

表5.19　地区异质性检验结果

变量	(1) 东部企业 R&Dint	(2) 中西部企业 R&Dint	(3) 东部企业 Numpatent	(4) 中西部企业 Numpatent	(5) 东部企业 Quapatent	(6) 中西部企业 Quapatent
NIPC	0.4015***	0.7739***	0.0843*	0.3670*	0.2935***	1.0008***
	(0.0870)	(0.2404)	(0.0431)	(0.1963)	(0.0791)	(0.1861)
常数项	-14.7943*	3.0941	-8.5579***	-5.5279*	-15.8261***	-7.0349**
	(7.8655)	(3.6957)	(3.0426)	(3.1167)	(4.3180)	(3.0867)
控制变量	是	是	是	是	是	是
年份固定效应	是	是	是	是	是	是
城市/行业固定效应	是	是	是	是	是	是
企业固定效应	是	是	是	是	是	是
样本量	6632	3627	6613	3627	5613	3006
adj. R^2	0.811	0.783	0.687	0.670	0.809	0.767

第四节　本章小结

本章主要采用了2006—2017年人民币普通股票市场的非金融上市公司数据，实证评估了国家创新型城市试点工作对企业技术创新的影响效果。结果显示，企业所在城市获批国家创新型试点城市后，可以显著地提升企业创新投入和企业创新产出，其中研发强度增加约0.5%，发明专利申请数量提高约17.3%，专利引用次数增加约46.8%，且这种促进作用具有持续性。经过PSM-DID方法、工具变量法、安慰剂检验、排他性检验、工具变量、更换数据库样本、Heckman两步法等一系列稳健性检验，充分验证了本书基准回归结果的稳健性和可靠性。此外，本章根据企业生命周期、所有制性质、技术水平和企业所在地区特征将样本分为不同的子样本组合，考察了国家创新型城市试点工作对企业创新的效果存在差异化影响。异质性分析结果还显示出中西部地区表现出对创新政策更大的依赖性，国家创新型城市试点工作进一步缩小了东部地区和中西部地区之间的企业创新水平的差距。

第六章　国家创新型试点城市的市场反应与企业创新

市场是由各种基本要素组成的有机结合体，发挥着基础性配置作用。作为经济运行的中心枢纽和社会资源的主要配置者，市场发挥着交换、反馈和调节等机制运行功能。随着知识信息化程度的提高，市场主体对国家宏观调控政策信号导向更加敏感，能够快速感知和识别政策导向信号，并及时有效地将市场行情传递给市场行为主体（Garrett et al.，2009）。具有强烈创新信号导向的国家创新型城市试点工作，势必也会驱动市场各种基本要素如知识、技术、人才、服务、资金、土地等在不同方向上的配置组合，直接或间接引导和调节企业创新行为和决策。

在建设创新型城市的过程中，应坚持政府引导并充分发挥市场在资源配置过程中的决定性作用，要求各区域主体能够在遵循市场的原则发挥比较优势，科学布局区域产业链、供应链和价值链，以维护公平竞争的市场环境和完善公共设施服务。但是，政府应聚焦重要发展领域，不断完善区域创新政策体系，并为市场创新主体营造出高效、透明、公平和有序的优质创新环境，从而为城市创新发展“施肥增养”。

本章认为，国家创新型城市试点工作通过加强对城市创新资源规划和布局，以优化和整合创新资源，不仅有利于强化市场在资源配置的决定性作用，还能够充分激发市场主体的创新积极性和创造性。深入研究国家创新型城市试点工作对市场资源配置和企业创新的影响作用，不仅有助于更好地理解政府与市场的投入边界和两者之间的影响关系，还有利于更好地发挥政府对市场创新主体的导向作用，驱动市场积极反应，从而实现国家创新型城市试点工作的创新效益最大化。

第一节　理论分析与研究假说

一、政策信号、人才资源配置与企业创新

人才作为市场经济中重要的资源要素，如何在创新活动实践的过程中发现人才、吸引人才和留住人才一直以来都是研究地区经济和创新发展的重要议题（史修松等，2009；刘善仕等，2017）。科技人才利用自身知识和创新发散思维从事科技创新活动，为我国经济发展和科学技术水平进步作出贡献。创新人才是企业开展创新活动的核心要素，也是企业激励竞争的焦点。改善高质量人才福利，有利于提高企业单位劳动生产率和产品创新力度（许明和邓敏，2018）。国家创新型城市试点工作的相关政策强调了创新人才队伍建设，并致力于推动创新人才发展体制和各项人才吸引政策落地，如武汉市于 2016 年发布《关于深化人才发展体制机制改革推动建设具有强大带动力的创新型城市的实施意见》，旨在推动武汉形成具有竞争力的人才优势制度，从而最大限度发挥人才主观能动性并驱动和释放其创新活力。通过进一步梳理相关文件，发现众多国家创新型试点城市立足于高校、科研机构、科技园区等相关创新平台与载体，采用“靶向引才”“以才引才”“柔性引才”等多种方人才吸引方式，引进和培育高水平创新人才和团队。例如，深圳市发布《深圳国家创新型城市总体规划实施方案（2011—2013 年）》，指出实施人才安居工程，为人才入户、医疗、保险、出入境、住房、子女入学等提供便利，对科学研究、学术交流以及技能培训等进行资助，以及完善海外高层次人才政策体系，实施吸引海外高层次人才的“孔雀计划”。济南市发布《济南市创建国家创新型城市若干政策》，指出“设立专项引才扶持资金”“加快高层次创新人才的培养”。

人才资源作为城市发展的核心生产要素，其在区域间自由、无障碍流动使区域市场机制得以有效运作（洪银兴，2003）。创新驱动的实质是人

才驱动，本书认为国家创新型试点城市能够通过驱动市场创新人才资源配置效率，为企业创新活动集聚一批高质量人才队伍和专业的技术团队。一方面，国家创新型试点城市的“国家试点认证光环”为创新人才扎根创新型城市提供了“定心丸”，通过人才引进优惠政策与完善的人才激励机制，为创新型人才提供了便利条件和丰厚奖励，吸引了大量的创新人才和优秀团队，驱动市场创新人才要素流向创新型试点城市企业，从而提高了企业研发创新水平。另一方面，国家创新型试点城市建设为强化城市人才支撑，采取多种灵活就业形势，并扩大高校、科研机构等创新主体对人才激励的自主权，支持创新型教育和创新型人才培养，促进本地企业创新能力的提升。根据以上理论分析，本书提出以下假设：

H6.1 国家创新型试点城市通过驱动市场人才资源配置机制，形成创新人才集聚效应，从而促进企业创新水平的提升。

二、创新平台建设与企业创新

优质的城市创新环境表现为高效开放的创新平台服务环境，这样不但能够有效吸收和整合优势创新资源以服务企业创新活动，而且能够提升科技研发效率，推动企业技术转型升级（李习保，2007；傅晓霞等，2012）。国家创新型试点城市通过推动知识产权保护，改善科技中介服务质量和效率，提供创新基础设施，为企业和高校、科研机构搭建了沟通的平台和基地，同时也积极营造创新文化氛围，培育特色创新文化，活化城市的物质和信息资源，不仅可以增强企业的灵活性和适应性，降低其不确定性，而且能够有效促进企业创新能力的提升。值得指出的是，国家创新型城市试点工作的重要内容之一便是支持创新基地和服务平台建设，推动建设产业技术创新战略联盟和技术创新服务平台，打造高端产学研合作平台和国际合作研发基地，这可以为企业创新活动营造良好的创新环境，支持企业在更高水平上参与国际科技交流与合作，并提供有力的体系支撑。

有序推进适合科技发展需要的创新服务平台体系对优化城市创新环境和助力企业科技腾飞发展至关重要（叶丹和黄庆华，2017；赵彦飞等，2020）。本书认为国家创新型城市试点工作释放了强烈的创新政策支持信号，能够有效驱动市场创新平台建设，为企业技术创新蓄力加速。一方面，国家创新型试点城市通过规划引导和科学布局，将建设开发区和城区内企业的创新综合服务平台、企业孵化器和研发合作基地作为推进创新型城市建设的工作重点，为企业科技成果转化和技术创新提供了高效优质的服务。另一方面，国家创新型试点城市通过推动建设国际研发合作基地和多形式产学研联合体，大幅度集聚优质创新资源以促进创新主体高效互动和推动创新要素在区域内加速流动，加速知识溢出和技术扩散以全面提升创新型城市产业集聚效应，这不仅有利于改善企业生产效率和资源要素配置，还有助于培育一批具有全球影响力和国际竞争力的高科技创新型企业，从而拉动城市的综合科技创新水平。根据以上理论分析，本书提出以下假设：

H6.2 国家创新型试点城市通过驱动市场合作平台建设机制，形成研发平台优化效应，从而促进企业创新水平的提升。

三、金融服务导向与企业创新

创新项目具有资金需求大、成本高、周期长以及不确定性等固有特点，因此企业在进行创新活动的过程中经常面临融资约束难题，导致创新活动停滞不前（鞠晓生等，2013）。因此，为保证区域内企业顺利开展创新创业活动，构建健全和完善的金融支持体系必不可少。许多国家创新型试点城市将金融扶持政策作为开展创新型城市建设的主要内容。例如，长沙市发布《长沙市人民政府关于创新城市建设和产业发展融资方式的实施意见》（长政发〔2015〕17 号），向市场释放了强烈的金融服务导向信号，旨在推动长沙创新城市建设和拓展产业发展融资方式，并增强企业抗风险能力。上海市政府办公厅印发的《关于促进金融服务创新支持上海科技创新中心建设的实施意见》指出，要推进科技金融机构体系创新，鼓励银行业金融机构在沪试点设立科技信贷专营事业部；支持科技创新企业发行公司债、企业债、短期融资券、中期票据、中小企业私募债、小微企业增信集合债等债务融资工具，推动开展可交换债、并购债券试点，满足科技创新企业多样化融资需求。由此可见，国家创新型城市试点工作不仅有助于建立适应企业创新发展的金融服务体系，还能够驱动金融机构更好地服务于实体经济，推动更高水平的金融领域开放和完善现代金融体系。在国家创新型城市试点工作目标的驱动下，有助于完善创新型城市金融发展和金融科技水平，促进传统金融与新兴技术的有效融合，通过高效甄别具有创新潜能的企业以实现金融服务与创新型企业的精准对接，提高金融市场服务能力，为企业发展提供多元化金融产品和融资渠道（Goldstein et al.，2019；李春涛等，2020）。

国家创新型城市试点工作为企业创新活动提供了良好的金融支持服务体系，能够刺激各地金融机构为当地具有创新潜能的企业提供更灵活的放贷支持（聂飞，刘云海，2019）。本书认为，国家创新型试点城市通过驱动市场金融服务导向，为金融服务机构和融资企业之间架起了信任桥梁，扩大了金融服务的覆盖范围，扩展了企业融资渠道，从而有助于企业创新的提升。一方面，国家创新型城市试点工作向金融市场释放了强烈的创新服务导向信号，推动金融服务机构与科技型企业精准对接，降低了科技企业的融资门槛，推动企业以更低成本和高效便捷的方式获取金融服务，从而有效缓解创新型企业融资约束等问题，并增强企业抗风险能力；另一方面，国家创新型城市试点工作强调构建多元化和多层次的创新投融资体系，通过引导资本市场积极“握手”创新型企业，支持商业银行对创新型企业的金融服务升维提速，并积极建设和完善金融科技服务平台以改善企业融资环境，拓宽其创新型企业融资渠道，从而不断激发企业释放创新潜能。根据以上理论分析，本书提出以下假设：

H6.3 国家创新型试点城市通过驱动市场金融服务导向机制，形成融资渠道扩展效应，从而促进企业创新水平的提升。

四、信息传递监管与企业创新

企业经营活动的合理有序发展离不开社会信息媒介的监督。信号机制存在的前提立足于信息不完美和不对称的现实情境，在市场竞争环境下，信息高质量披露对于企业缓解其与投资者之间信息不对称问题，降低企业融资成本和增强资金流动性来说具有重要作用（Dhaliwal，2011）。特别是资本市场信息公平且准确传递不仅有利于保护企业投资者的合法权益，也是促进资本市场的长期有序、稳定和繁荣的重要条件（钱明等，2016）。资本市场健康发展的基础是透明的信息源和有效的风险管控，加强对企业或集团的股东大会、董事会和监事会的规范流程和运作情况的监测与关注，并及时披露相关信息和报告，以及对企业的高级管理人员、资产管理和治理体制变更的监测和分析，不但能够提高资本市场信息透明度和缓解市场失灵问题，而且有利于资本市场精准匹配创新科技型企业在不同发展阶段的融资需求和资金风险偏好，助力资本市场与科技创新的良性“双循环”。

随着国家创新型城市试点工作的逐步推进，试点城市中的上市企业肩负“创新型企业”的荣称，受到资本市场上多方机构的监管，以及更多的信息披露。国家创新型城市试点工作作为推动创新型国家战略的重要支撑点，试点城市自获批之日起就受到社会各界的关注，而其中的上市企业也更多地会受到证券分析师和研报的跟踪分析与关注。分析师与研究报告在资本市场上扮演着非常重要的信息中介角色，在影响市场信息传递、监管和配置等方面都发挥着重要的作用。一方面，分析师通过自身专业知识和行业背景，收集和整合相关财务和非财务信息以撰写专业的研究报告，为投资者了解长期投资风险提供具有参考价值的信息，提高市场信息披露透明度，缓解信息不对称并规范市场秩序，从而大大地提升了资本市场运行质量和效率（余明桂等，2017；Frankel and Li，2004）；另一方面，分析师和研究报告也可以对科技型企业从研发投入到产出的整个创新过程进行监测，提升企业研发资金投入的使用效率，降低由代理冲突而产生削弱企业技术创新动力的不良影响（冯根福和温君，2008；陈钦源等，2017）。国家创新型试点城市释放创新信号，激发信息媒介监管力度升级，推动形成高效和透明的风险监测和监管体系，为企业创新活动传递更加有效的市场信息，降低企业创新信息资源搜寻和整合成本，从而提升企业的创新水平。根据以上理论分析，本书提出以下假设：

H6.4 国家创新型试点城市通过驱动市场信息资源传递机制，形成信息传递监管效应，从而促进企业创新水平的提升。

五、市场竞争风险与企业创新

市场竞争被普遍认为对企业创新发展产生重要影响（Schumpeter，1942；吕晓军等，2015；Friesenbichler and Peneder，2016），但关于市场竞争与企业创新活动之间关系的议题尚未能形成一致的结论。关于市场竞争与企业创新行为的影响，主要有三类观点。第一类观点基于熊彼特视角，认为垄断力量的“实力型”企业则能够承担起创新项目风险，即表现出积极的创新行为动机（Aghion 等，2005；简泽等，2017）。第二类观点认为市场竞争可以有效地激发企业投资积极性和研发动力，企业为立足于激烈的市场竞争中而努力“增效率”和“降成本”，表现出“创新性”；而垄断则会导致企业缺乏创新动力，弱化企业的创新意志（Arrow，1962；许罡和朱卫东，2017）。第三类观点认为市场技术与创新存在非线性关系，表现出对前两类观点的调节与缓和（Tingvall and Poldahl，2006；智艳，2014）。一般来说，企业科技创新活动具有明显的正外部性特征，并且在企业创新成果的实际使用上呈现出非排他性和非独占性，当市场处于完全自由竞争的状态下，私人企业对研发创新的资金投入往往也会低于社会最优水平（Nelson，1959；Arrow，1962）。由于当前国际市场环境异常激烈，企业希望通过降低成本改善自身发展形势（许明和邓敏，2016）。如果市场竞争过于激烈，会导致企业承担更高的创新成本和风险，从而不利于企业进行研发创新活动（Cummins and Nyman，2005）。

国家创新型城市试点工作对创新市场来说既是机遇也是挑战。一方面，国家创新型城市建设带来的一揽子技术创新激励政策的利好面无疑会激发市场创新潜力，降低当地企业的创新成本，促进企业研发投入增加和创新能力提升（陈强远等，2020）；另一方面，在创新偏好型政策驱动下，也进一步降低了企业创新市场进入门槛，“骗补式创新”和“策略式创新”问题凸显，这势必也会增加市场竞争的激烈程度，压缩企业营利空间，进而抑制企业创新（申宇等，2018）。根据以上理论分析，本书提出以下假设：

H6.5 国家创新型试点城市通过驱动市场竞争风险机制，形成竞争风险激化效应，从而影响企业创新效果。

国家创新型城市试点工作影响企业创新的市场反应机制如图 6. 1 所示。

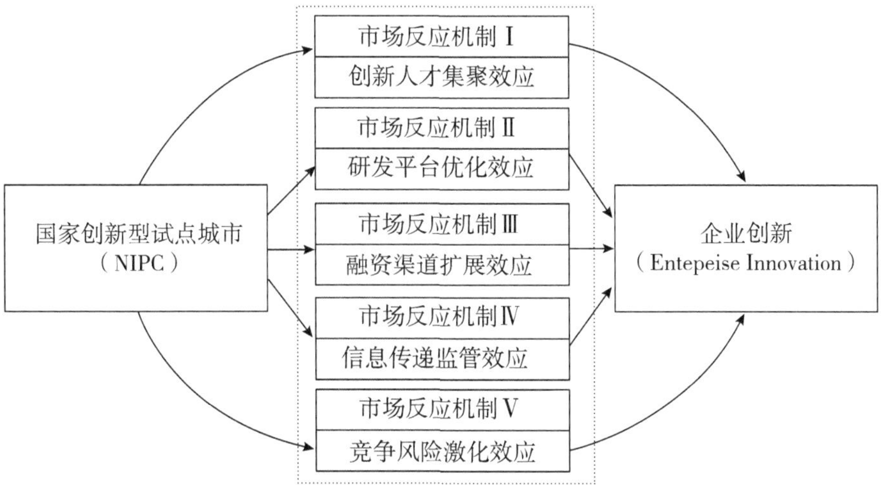

图 6. 1 国家创新型城市试点工作影响企业创新的市场反应机制

第二节 机制检验与结果分析

前文的实证检验结果已经证明国家创新型城市试点工作对企业创新的总体效应为正，本节将构建中介效应模型（Baron and Kenny，1986；温忠麟和叶宝娟，2014）对第一节所述的五个市场反应机制进行检验，探究总体效应背后的具体市场机制。

一、市场反应机制Ⅰ：创新人才集聚效应

（一）研究设计

创新是企业发展的动力源泉，高层次创新人才是企业技术创新的关键主体。因此，为了检验国家创新型城市试点工作是否驱动了市场人才资源配置机制，形成创新人才集聚效应，本部分采用中介效应模型来进一步识别。

首先，检验试点城市是否影响市场创新人才资源配置（Htalents），建立如下模型：

$$\text{Htalents}_{ijct}=\theta_0+\theta_1\text{NIPC}_{ct}+\sum\theta_k\cdot\text{Control}_{ijct}+\lambda_i+\mu_j+\varphi_c+\omega_t+\varepsilon_{ijct} \quad (6.1)$$

然后，将试点城市指标和创新人才中介变量同时加入模型，识别国家创新型试点城市是否通过激发市场主体对人才资源积极反应，推动企业形成创新人才集聚效应，进而影响企业的创新投入、创新产出数量以及创新产出质量，建立如下模型：

$$\text{R\&Dint}_{ijct}=\alpha_0+\alpha_1\text{Htalents}_{ijct}+\alpha_2\text{NIPC}_{ct}+\sum\alpha_k\cdot\text{Control}_{ijct}+\lambda_i+\mu_j+\varphi_c+\omega_t+\varepsilon_{ijct} \quad (6.2)$$

$$Y_{ijct}(\text{Numpatent}_{ijct},\ \text{Quapatent}_{ijct})=\beta_0+\beta_1\text{Htalents}_{ijct}+\beta_2\text{NIPC}_{ct}+\sum\beta_k\cdot\text{Control}_{ijct}+\lambda_i+\mu_j+\varphi_c+\omega_t+\varepsilon_{ijct} \quad (6.3)$$

其中，Htalents是创新人才集聚的中介变量，该变量分别用是否聘任具有博士学位的高管（Doctor）、是否聘任具有研发职业背景的高管（R&Dback）和是否聘任具有学术背景的高管（Academic）三个指标来具体识别创新人才集聚效应的中间机制。其中，被解释变量（是否获批为国家创新型城市）、解释变量（企业创新指标）和控制变量与第五章描述的数据一致，下同。

（二）实证分析

创新人才集聚效应的机制检验结果如表6.1~表6.3所示。根据模型6.1~模型6.3，表6.1~表6.3的第1列回归结果显示NIPC对博士高管人才（Doctor）、研发职业背景高管人才（R&Dback）和学术背景高管人才（Academic）均呈现出显著的正向促进作用，说明国家创新型城市试点工作驱动了市场创新人才资源配置，促进了企业创新人才数量的增加。表6.1~表6.3的第2~第4列中NIPC的系数均显著为正，且Doctor、R&Dback和Academic的系数也均显著为正，表明存在较强的中介效应，意味着国家创新型试点城市激发了市场主体对于创新人才的需求反应，吸引那些具有博士学位、学术和研发职业背景的高层次创新人才向创新型城市企业集聚，增强了企业科研实力和创新活力，从而有效地促进了创新型城市企业的创新投入、创新产出数量和质量的提升，假设 H6.1 得以验证。这也从侧面说明了一个事实：城市创新发展离不开科技创新人才的贡献，国家创新型城市试点工作改善了市场创新人才要素的资源配置，有助于企业从市场中寻求与之相匹配的科技人才，并激励高层次科技人才队伍形成良性的循环态势。

表 6.1 博士学位高管人才机制检验结果

变量	(1)	(2)	(3)	(4)
	Doctor	R&Dint	Numpatent	Quapatent
NIPC	0.2360***	0.5833***	0.1979**	0.4267***
	(0.0886)	(0.1150)	(0.0801)	(0.1065)
Doctor		0.5450***	0.1589***	0.1728***
		(0.0713)	(0.0429)	(0.0467)
常数项	-5.1668**	-2.2814	-7.4404***	-14.0914***
	(2.4075)	(3.6977)	(1.8701)	(2.3835)
控制变量	是	是	是	是
年份固定效应	是	是	是	是
城市固定效应	是	是	是	是
行业固定效应	是	是	是	是
样本量	10114	10442	10427	8779
adj. R^2	—	0.523	0.374	0.406

表 6.2 研发职业背景高管人才机制检验结果

变量	(1)	(2)	(3)	(4)
	R&Dback	R&Dint	Numpatent	Quapatent
NIPC	0.6068***	0.5538***	0.1718**	0.4066***
	(0.1507)	(0.1121)	(0.0764)	(0.0994)
R&Dback		0.5753***	0.3025***	0.2965***
		(0.1094)	(0.0527)	(0.0826)

表 6.2 续

变量	(1)	(2)	(3)	(4)
	R&Dback	R&Dint	Numpatent	Quapatent
常数项	-10.8046**	-1.9301	-7.0927***	-13.8732***
	(4.9757)	(3.6949)	(1.8393)	(2.3563)
控制变量	是	是	是	是
年份固定效应	是	是	是	是
城市固定效应	是	是	是	是
行业固定效应	是	是	是	是
样本量	9137	10442	10427	8779
adj. R^2	—	0.519	0.375	0.406

表 6.3　学术背景高管人才机制检验结果

变量	(1)	(2)	(3)	(4)
	Academic	R&Dint	Numpatent	Quapatent
NIPC	0.6847***	0.5542***	0.1755**	0.4048***
	(0.1679)	(0.1140)	(0.0774)	(0.0993)
Academic		0.6312***	0.3024***	0.3583***
		(0.1472)	(0.0582)	(0.0622)
常数项	-10.3070**	-1.9850	-7.1679***	-13.6846***
	(4.1074)	(3.7148)	(1.8597)	(2.3763)
控制变量	是	是	是	是
年份固定效应	是	是	是	是
城市固定效应	是	是	是	是
行业固定效应	是	是	是	是
样本量	8494	10442	10427	8779
adj. R^2	—	0.518	0.373	0.405

二、市场反应机制Ⅱ：研发平台优化效应

（一）研究设计

国家创新型城市试点工作可以推动知识产权保护，改善科技中介服务质量和效率，提供创新基础设施，为企业和高校、科研机构搭建研发协作平台和基地，营造出良好的创新氛围和环境，进而促进企业创新。为验证该机制，本书采用城市创新指数作为市场创新平台（Inoplat）的代理指标，该指标更加倾向于反映宏观层面的创新信息，且能够较好地体现城市创新平台设施综合水平，为创新型企业提升研发能力提供高效便捷的创新综合信息，从而加速企业自主创新引擎动能。该数据出自寇宗来（2017）与其复旦大学产业发展研究中心的研究团队（FIND）发布的《中国城市和产业创新力报告 2017》，该报告发布了 2001—2016 年中国城市创新指数，能够较好反映出城市是否具备较好的创新平台体系。为了检验国家创新型城市试点工作是否驱动了市场创新合作平台建设，形成研发平台优化效应，我们也采用中介效应模型来进一步识别，具体模型如下：

$$\text{Inoplat}_{ijct} = \theta_0 + \theta_1 \text{NIPC}_{ct} + \sum \theta_k \cdot \text{Control}_{ijct} + \lambda_i + \mu_j + \varphi_c + \omega_t + \varepsilon_{ijct} \quad (6.4)$$

$$\text{R\&Dint}_{ijct} = \alpha_0 + \alpha_1 \text{Inoplat}_{ijct} + \alpha_2 \text{NIPC}_{ct} + \sum \alpha_k \cdot \text{Control}_{ijct} + \lambda_i + \mu_j + \varphi_c + \omega_t + \varepsilon_{ijct} \quad (6.5)$$

$$Y_{ijct}(\text{Numpatent}_{ijct},\ \text{Quapatent}_{ijct}) = \beta_0 + \beta_1 \text{Inoplat}_{ijct} + \beta_2 \text{NIPC}_{ct} + \sum \beta_k \cdot \text{Control}_{ijct} + \lambda_i + \mu_j + \varphi_c + \omega_t + \varepsilon_{ijct} \quad (6.6)$$

（二）实证分析

研发平台优化效应的机制检验结果如表 6.4 所示。根据模型 6.4~模型 6.6，表 6.4 的第 1 列回归结果显示 NIPC 对市场创新平台（Inoplat）的估计系数在 1%水平上显著为正，表明国家创新型城市试点工作驱动了市场创新合作平台建设，优化了城市创新研发平台，提升了城市整体的创新水平。表 6.4 的第 2~第 4 列中 NIPC 的系数均显著为正，且 Inoplat 的系数也

均显著为正，表明存在较强的研发平台优化的中介效应，即国家创新型城市试点工作的推进，能够有效驱动市场创新合作平台建设，为创新型试点城市内的企业搭建良好的科技研发平台，并推动城市内部产学研有效融合，为培育创新型企业自主研发能力给予充足的配套支持，从而有效地促进创新型城市企业的研发创新投入、专利产出数量和质量的提升，假设H6.2得以验证。国家创新型试点城市通过为企业搭建高效便捷的新型技术创新平台确实可以显著提升企业创新水平，因此需要不断深化和落实试点城市建设的政策，发挥市场创新平台优势，激发企业创新动能和活力。

表6.4 研发平台优化效应的机制检验结果

变量	(1)	(2)	(3)	(4)
	Inoplat	R&Dint	Numpatent	Quapatent
NIPC	0.5237***	0.3162***	0.0702	0.2016**
	(0.1009)	(0.0891)	(0.0626)	(0.0780)
Inoplat		0.5962***	0.2690***	0.4683***
		(0.0827)	(0.0459)	(0.0680)
常数项	-5.0812	0.0585	-6.2716***	-12.1606***
	(3.3783)	(2.9929)	(1.6186)	(1.6836)
控制变量	是	是	是	是
年份固定效应	是	是	是	是
城市固定效应	是	是	是	是
行业固定效应	是	是	是	是
样本量	10442	10442	10427	8779
adj. R^2	0.972	0.521	0.376	0.413

三、市场反应机制Ⅲ：融资渠道扩展效应

（一）研究设计

国家创新型城市试点工作可以为企业创新活动提供较为完善的金融支持服务体系。国家创新型试点城市通过积极建设和完善金融科技服务平台

以改善企业融资环境，拓宽创新型企业的服务渠道和融资途径，不断激发企业释放创新潜能。为验证该机制，本书采用 SA 指数来衡量金融支持程度或者企业融资约束（FC），该指数是由 Hadlock and Pierce（2010）构建的。SA 指数为负[①]，其值越大意味着企业受融资约束程度越弱，也可反映企业受到的金融服务支持亦越多，企业抗风险能力越强。因此，为了检验国家创新型城市试点工作是否驱动了市场金融服务导向作用，以扩展企业创新活动的融资渠道和降低企业研发风险，采用以下中介模型进一步识别：

$$FC_{ijct} = \theta_0 + \theta_1 NIPC_{ct} + \sum \theta_k \cdot Control_{ijct} + \lambda_i + \mu_j + \varphi_c + \omega_t + \varepsilon_{ijct} \quad (6.7)$$

$$R\&Dint_{ijct} = \alpha_0 + \alpha_1 FC_{ijct} + \alpha_2 NIPC_{ct} + \sum \alpha_k \cdot Control_{ijct} + \lambda_i + \mu_j + \varphi_c + \omega_t + \varepsilon_{ijct} \quad (6.8)$$

$$Y_{ijct}(Numpatent_{ijct}, Quapatent_{ijct}) = \beta_0 + \beta_1 FC_{ijct} + \beta_2 NIPC_{ct} + \sum \beta_k \cdot Control_{ijct} + \lambda_i + \mu_j + \varphi_c + \omega_t + \varepsilon_{ijct} \quad (6.9)$$

（二）实证分析

融资渠道扩展效应的机制检验结果如表 6.5 所示。根据模型（6.7）~模型（6.9），表 6.5 的第 1 列回归结果显示 NIPC 对企业融资约束（FC）影响呈正向相关关系，表明国家创新型城市试点工作驱动了市场金融服务导向机制，为创新型企业扩宽了融资途径，并显著降低和缓解了该类企业融资约束。表 6.5 的第 2~第 4 列中 NIPC 的系数均显著为正，且 FC 的系数也均显著为正，表明存在较强的融资渠道扩展机制效应，即国家创新型城市试点工作有效驱动了市场金融行业对企业服务的积极反应，为试点城市内企业提供更多的金融服务与支持，缓解企业在研发创新过程中面临的资金约束问题，从而有利于试点城市企业创新投入的增加以及企业创新产出数量和质量的提升，假设 H6.3 得以验证。国家创新型城市试点工作的逐步推进，向市场金融服务释放了强烈的创新导向信号，引导了金融资源

---

① $SA = -0.737 \times Size + 0.043 \times Size^2 - 0.04 \times Age$

和服务更高效便捷地流向更具科创潜力的企业，为创新型企业提供优质的金融产品及服务并帮助创新型企业解决融资难和融资贵等困难，以不断提升企业创新竞争力，并助力金融资源与科技创新资源的深度融合，从而更好地推动金融服务实体经济的高质量发展。

表 6.5　融资渠道扩展效应的机制检验结果

变量	FC	R&Dint	Numpatent	Quapatent
NIPC	0.0461***	0.6659***	0.2153***	0.4620***
	(0.0111)	(0.1207)	(0.0823)	(0.1081)
FC		0.8130***	0.0918	0.3948***
		(0.2820)	(0.1083)	(0.1168)
常数项	2.5048***	−0.9349	−7.4098***	−13.3473***
	(0.3483)	(4.0034)	(1.9460)	(2.5183)
控制变量	是	是	是	是
年份固定效应	是	是	是	是
城市固定效应	是	是	是	是
行业固定效应	是	是	是	是
样本量	10442	10442	10427	8779
adj. R^2	0.505	0.518	0.371	0.405

四、市场反应机制Ⅳ：信息传递监管效应

（一）研究设计

随着大数据和信息技术的深入发展，信息资源获取和整合能力对于企业发展来说至关重要。国家创新型城市试点工作作为推动创新型国家战略的重要支撑点，试点城市自获批之日起，就受到公众和媒体的关注，而对于国家创新型试点城市中的上市企业而言则更多地会受到市场信息机构的跟踪关注与监管，缓解企业在融资整合和创新过程中信息不对称等问题，

进而促进企业技术创新。如前文所述，分析师与研究报告在我国资本市场上起着非常重要的信息传递和监测作用。为了检验国家创新型城市试点工作是否驱动了市场信息资源传递机制，推动资本市场信息监管和运营能力的提升，为企业提供更多透明真实的信息资源渠道而提升企业研发能力，本书采用分析师跟踪数量（Alstrack）和研报跟踪数量（Restrack）作为市场信息传递监管变量（Inform）的代理指标，该数据来源于国泰安数据库（CAMAR）。具体模型如下：

$$\text{Inform}_{ijct} = \theta_0 + \theta_1 \text{NIPC}_{ct} + \sum \theta_k \cdot \text{Control}_{ijct} + \lambda_i + \mu_j + \varphi_c + \omega_t + \varepsilon_{ijct} \quad (6.10)$$

$$\text{R\&Dint}_{ijct} = \alpha_0 + \alpha_1 \text{Inform}_{ijct} + \alpha_2 \text{NIPC}_{ct} + \sum \alpha_k \cdot \text{Control}_{ijct} + \lambda_i + \mu_j + \varphi_c + \omega_t + \varepsilon_{ijct} \quad (6.11)$$

$$Y_{ijct}(\text{Numpatent}_{ijct}, \text{Quapatent}_{ijct}) = \beta_0 + \beta_1 \text{Inform}_{ijct} + \beta_2 \text{NIPC}_{ct} + \sum \beta_k \cdot \text{Control}_{ijct} + \lambda_i + \mu_j + \varphi_c + \omega_t + \varepsilon_{ijct} \quad (6.12)$$

（二）实证分析

信息传递监管效应的机制检验结果如表 6.6 和表 6.7 所示。根据模型（6.10）~模型（6.12），以及表 6.6 的第 1 列的检验结果，NIPC 对市场信息监管代理变量 Alstrack 和 Restrack 的估计系数均显著为正，表明国家创新型试点城市吸引了证券分析师和研报的跟踪分析与关注，驱动了信息监管市场的响应力度。表 6.6 的第 2~第 4 列中 NIPC、Alstrack 和 Restrack 的系数也均显著为正，表明存在较强的中介效应，即国家创新型城市试点工作驱动了市场信息传递和监管力度，为城市内企业提供更多的有效信息资源进行吸收和整合，以精准挖掘市场消费潜力和新产品需求，进而驱动企业进行研发创新，假设 H6.4 得以验证。这也从侧面验证了一个事实：大数据时代下，及时且精准的信息资源是企业经营发展的重要支撑与保障，政策试点的创新信号释放与信息市场的积极响应能够有效缓解创新市场信息不对称的问题，提高资本市场信息的开放度与透明度，从而降低市场风险和增强企业投资信心，为企业创新迈上新台阶“添砖加瓦”。

表 6.6　分析师信息监管机制检验结果

变量	(1)	(2)	(3)	(4)
	Alstrack	R&Dint	Numpatent	Quapatent
NIPC	0.0877**	0.5653***	0.1851**	0.4357***
	(0.0402)	(0.1181)	(0.0845)	(0.1104)
Alstrack		0.0289***	0.0147***	0.0184***
		(0.0071)	(0.0024)	(0.0027)
常数项	-5.1620***	0.1597	-6.9135***	-14.3926***
	(1.6694)	(4.4342)	(2.3282)	(2.8810)
控制变量	是	是	是	是
年份固定效应	是	是	是	是
城市固定效应	是	是	是	是
行业固定效应	是	是	是	是
样本量	8614	8606	8598	7261
adj. R^2	—	0.529	0.394	0.428

表 6.7　研究报告信息披露机制检验结果

变量	(1)	(2)	(3)	(4)
	Restrack	R&Dint	Numpatent	Quapatent
NIPC	0.1289***	0.5594***	0.1773**	0.4180***
	(0.0432)	(0.1186)	(0.0844)	(0.1102)
Restrack		0.0126***	0.0060***	0.0082***
		(0.0035)	(0.0010)	(0.0013)
常数项	-8.0091***	0.5265	-6.6837***	-14.0939***
	(1.9657)	(4.2985)	(2.2456)	(2.8890)
控制变量	是	是	是	是
年份固定效应	是	是	是	是
城市固定效应	是	是	是	是
行业固定效应	是	是	是	是

表 6.7 续

变量	(1)	(2)	(3)	(4)
	Restrack	R&Dint	Numpatent	Quapatent
样本量	8725	8716	8708	7338
adj. R^2	—	0.529	0.392	0.429

五、市场反应机制 V：竞争风险激化效应

（一）研究设计

根据理论分析，国家创新型城市试点工作除了通过上述渠道驱动市场反应机制来降低企业创新成本，也可能会导致市场环境消极反应。例如，一些企业为了快速抢占市场，尝试使用牺牲产品质量的手段或措施来减少成本和费用，导致市场存在一定的无序竞争风险，进而导致行业内企业利润空间的整体降低，最终抑制企业创新。因此，本书采用勒纳（Lerner）指数来衡量企业在市场上的竞争地位，以检验国家创新型城市试点工作过程中是否激化了市场竞争风险，以及损害企业的生存空间而对企业创新产生抑制作用。Lerner 指数的测度主要借鉴 Aghion 等（2005）和 Peress（2010）的思路，测算公式为：Lerner 指数=（企业的）（营业收入-营业成本-销售成本-管理成本）/营业收入。企业的 Lerner 指数越小，表示企业在市场上的垄断程度越低，市场竞争越激烈。具体机制识别模型如下：

$$\text{Lerner}_{ijct} = \theta_0 + \theta_1 \text{NIPC}_{ct} + \sum \theta_k \cdot \text{Control}_{ijct} + \lambda_i + \mu_j + \varphi_c + \omega_t + \varepsilon_{ijct} \quad (6.13)$$

$$\text{R\&Dint}_{ijct} = \alpha_0 + \alpha_1 \text{Lerner}_{ijct} + \alpha_2 \text{NIPC}_{ct} + \sum \alpha_k \cdot \text{Control}_{ijct} + \lambda_i + \mu_j + \varphi_c + \omega_t + \varepsilon_{ijct} \quad (6.14)$$

$$Y_{ijct}(\text{Numpatent}_{ijct}, \text{Quapatent}_{ijct}) = \beta_0 + \beta_1 \text{Lerner}_{ijct} + \beta_2 \text{NIPC}_{ct} + \sum \beta_k \cdot \text{Control}_{ijct} + \lambda_i + \mu_j + \varphi_c + \omega_t + \varepsilon_{ijct} \quad (6.15)$$

（二）实证分析

市场竞争风险激化效应的机制检验结果如表 6.8 所示。根据模型

（6.13）~模型（6.15），表 6.8 的第 1 列回归结果显示 NIPC 对 Lerner 市场竞争指数的估计系数虽然为负但不显著，表明国家创新型城市试点工作并没有明显地加剧市场竞争风险。表 6.8 的第 2~第 4 列中的 NIPC 系数均显著为正，而 Lerner 指数的估计系数显著为负，并且 NIPC 的系数相对于基准回归结果有所下降，表明市场竞争程度的增强确实会抑制企业创新投入和企业创新产出的数量与质量，但是对于市场竞争风险激化效应这一中介机制受国家创新型城市试点工作的影响并不明显。本书进一步通过 Sobel 检验发现 Z 统计量分别为 1.0448、1.0996 和 1.1496，p 值分别为 0.2961、0.2715 和 0.2503，在 10%水平上不显著，说明国家创新型城市试点工作并没有增强市场竞争激烈程度而影响企业创新，即假设 H6.5 中市场竞争风险激化这条作用路径未能奏效。

表 6.8　市场竞争风险激化效应的机制检验结果

变量	Lerner	R&Dint	Numpatent	Quapatent
NIPC	-0.0035	0.4799***	0.1517**	0.4417***
	(0.0029)	(0.1046)	(0.0765)	(0.1069)
Lerner		-1.4021**	-0.8254***	-1.2055***
		(0.6718)	(0.3094)	(0.3193)
常数项	-0.3821***	-5.0032	-7.9732***	-15.2711***
	(0.1103)	(3.3954)	(1.8816)	(2.9667)
控制变量	是	是	是	是
年份固定效应	是	是	是	是
城市固定效应	是	是	是	是
行业固定效应	是	是	是	是
样本量	9399	9399	9381	7865
adj. R^2	0.842	0.811	0.683	0.794
Sobel Z	—	1.0448	1.0996	1.1496
		[0.2961]	[0.2715]	[0.2503]

第三节 本章小结

本章主要研究了国家创新型城市试点工作、市场反应与企业创新之间的关系。首先，本章介绍了国家创新型城市试点工作是如何驱动市场人才资源配置、创新平台建设、金融服务导向、信息传递监管等市场反应，从而对创新型试点城市企业创新行为产生影响。基于上述理论的分析，分别提出对应的假说。其次，通过对市场机制检验，结果显示国家创新型城市试点工作的一系列创新扶持政策驱动了市场反应机制，形成创新人才集聚效应、研发平台优化效应、融资渠道扩展效应和信息传递监管效应，改善了市场创新环境，降低了企业创新成本，从而助力企业创新投入和企业创新产出的数量和质量效应。最后，本章还验证了国家创新型城市试点工作并未增加市场竞争激烈程度而阻碍企业创新，即市场竞争风险激化效应这条作用路径未能奏效，进一步解释了理论模型。因此，总体来看，国家创新型城市试点工作对企业创新具有显著的促进作用。

第七章　主要研究结论与启示

第一节　主要研究结论

随着世界经济的发展和全球化趋势的不断加快，现代国家城市发展也在加快转型，创新成为增强城市乃至国家竞争力的核心驱动力，是城市未来发展的决定因素。创新型城市作为一种城市创新发展模式，以科技创新为经济社会发展的核心驱动力，既是我国推动创新型国家建设以及国家创新体系建设的重要举措，也是转变经济发展方式，增强企业自主创新能力以及实施创新驱动发展战略的重要手段。本书在梳理国内外研究综述和理论分析的基础上，剖析了国家创新型城市试点工作与企业创新之间的内在联系，系统研究了创新型城市的政策试点背景、指标评价、发展趋势、理论框架、作用机制与实证策略。本书的研究结论如下。

第一，本书通过梳理创新型城市政策试点的制度背景和相关研究文献，借鉴国内外具有影响力的相关创新指标，并对标新时代高质量发展要求进行修改和完善，从创新驱动力、创新支撑力与创新可持续力三个方面构建了国家创新型城市综合创新力评价指标体系，以对创新型城市的综合创新能力和发展潜力进行更加全面的认识和评价。基于评价指标体系对国家创新型城市发展趋势进行分析发现：从时间趋势上来看，2006—2017 年间被调查的 59 个国家创新型试点城市的平均综合创新力从 0.78 上升到 1.19，年均增长 3.91%，上升趋势明显；从区域差异上来看，样本区间内，国家创新型城市综合创新力的区域差异仍然存在，且呈现出“东部高、中西部低”的特征，但这种差距并没有呈现出逐渐扩大的趋势；从国家创新型试点城市批复前后综合创新力的比值来看，综合创新力最强的城市的增长幅度并不是最高，反而是经济发展水平处于中下游的萍乡市和银川市增长幅度较高，这说明对于中西部城市而言，成为国家创新型城市具有一定的激励作用；从各创新型城市综合创新力的总排名来看，北京市、上海市、深圳市和广州市等城市的综合创新力位列全国创新型城市的第一梯队，有部分中西部城市的综合创新力提升很快，但由于综合实力的弱化使得城市综合创新力已经出现了半固化的趋势；从综合创新力的分解指标来看，综合创新力与创新驱动力的变化趋势基本一致，创新支撑力先是弱于综合创新力，随后逐渐增强，成为提升城市综合创新力的重要力量，而创新可持续力先是强于综合创新力，随后逐渐减弱，成为制约创新型城市综合创新力提升的阻碍因素。

第二，在理论分析上，本书基于相关理论和文献资料，系统研究了国家创新型城市试点工作影响企业创新的理论框架和作用机理，并进一步构建异质性企业垄断竞争模型，以考察国家创新型城市试点工作影响企业创新的数理关系。通过梳理中央和地方创新型城市的多份政策文件内容，总结出国家创新型城市试点工作影响企业创新的政策效应：一是通过深化城市创新体制改革以探索城市可持续发展道路，为企业创新提供了理论指导和战略指引；二是通过中央和地方力量汇集各种创新资源，优化城市创新环境，为企业创新活动提供了空间载体和平台支撑；三是强化企业在自主创新中的主体地位，充分支持企业在技术创新决策、研发投入和成果转化的主导作用；四是强调对试点工作的引导支持，推动建立科学、高效的联动协同工作机制和管理模式，为企业创新发展提供了有力的制度保障。在实证方法上，本书以2006—2017年人民币普通股票市场的非金融上市公司为研究样本，并运用多期双重差分法考察了国家创新型城市试点工作对企业创新投入和产出的影响效果。研究发现：国家创新型城市试点工作对企业创新投入和产出具有明显的政策效应，即国家创新型城市试点工作显著提升了企业研发投入、专利申请量和专利引用量，且这种促进作用不存在时滞性，而是具有持续性。试点城市建设方案为企业提供了创新优惠政策、创新人才、基础服务设施、制度安排以及创新氛围等一系列创新发展配套资源，极大地促进了企业创新发展；通过PSM-DID方法、工具变量法、安慰剂检验、排他性检验、工具变量、替换数据样本、Heckman 两步法、替换核心变量指标和改变估计方法等一系列稳健性检验，验证了本书基准回归结果的稳健性和可靠性。

第三，国家创新型城市试点工作对企业创新的效果存在差异化影响。本书按照企业生命周期、所有制性质、技术水平和企业所在地区异质性将样本分为不同的子样本组合进行了回归分析。异质性分析结果显示，国家创新型城市试点工作对企业的创新行为存在显著的异质性：创新型城市试点工作对成长期企业创新的数量和质量效应均具有正向激励作用，而对成熟期和淘汰期企业创新具有质量效应但不存在数量效应；创新型城市试点工作均促进了高技术企业和非高技术企业创新投入和产出，但对高技术企业创新效应的促进作用大于非高技术企业；创新型城市试点工作对东部地区和中西部地区的企业创新效果均有正向促进作用，但对中西部地区表现出对创新政策更大的依赖性，激励提升效应更为明显。在一定程度上也揭示了随着试点城市的逐步推进，缩小了东部地区和中西部地区之间的企业创新差距，也更好地解释和评估了政策试点地区的创新效果。

第四，不同的市场反应机制是国家创新型城市试点工作影响企业创新的重要传导机制。国家创新型试点城市主要通过一揽子创新激励政策，驱动了一系列市场行为反应，提高了创新型城市的创新资源配置效率，从而促进企业创新水平的整体提升。通过对国家创新型城市试点工作影响企业创新的市场反应机制进行理论分析和实证研究，可以总结出以下结论：创新型城市试点工作有效改善了市场人才要素的资源配置，驱动了市场创新人才向创新型城市企业集聚，增强了企业科研实力和创新活力；国家创新型试点城市通过规划引导和科学布局，推动市场创新合作基地和载体建设，为创新型城市内企业搭建了良好的科技研发平台，从而有利于企业科技成果转化和创新技术提升；创新型城市试点工作向金融市场释放了强烈的创新服务导向信号，引导金融资源和服务更高效便捷地流向更具科技创新潜力的企业，改善企业的融资环境，降低企业融资风险，从而提升企业创新潜能；创新型城市试点工作会促进市场信息媒介监管力度，通过驱动市场信息传递和监管力度，为创新型试点城市内企业提供更多的有效信息资源进行吸收和整合，以挖掘精准的市场消费潜力和新产品需求，从而提升企业创新效率；市场竞争程度的增强确实会抑制企业创新投入和企业创新产出的数量与质量，但是对于市场竞争风险激化效应这一中介机制受国家创新型试点城市的影响并不明显。

第五，国家创新型试点城市通过驱动地方政府响应力度对企业创新行为产生重要影响。作为一种中央推广试验的政策，国家创新型城市试点工作为各地区政府探索和实施因地制宜差异化的创新发展道路提供了战略指引。通过对国家创新型城市试点工作影响企业创新的地方响应机制进行理论分析和实证研究，结果显示：创新型城市试点工作释放了强烈的创新补助信号，驱动地方政府对企业的财政补贴政策响应力度，降低了企业研发成本和创新风险，释放企业创新动力，从而正向激励了企业创新投入和产出；税收优惠政策通过调节效应而非中介效应来影响企业创新，即地方政府调整税收优惠政策是一种积极响应创新型城市试点建设的有效方式，将有助于强化创新型城市建设对企业实质性创新产出的激励作用；行政审批效率越高的创新型城市有助于优化城市创新活动政务环境，缩短企业专利申请和授权审批时间，这不仅能够激发创新型城市企业创新动力和研发热情，而且能够为企业节约出更多时间以挖掘市场创新潜力和增强创新动力。

第二节　启示

在国家创新体系中，企业扮演着至关重要的角色，国家经济发展水平的提高离不开企业的进步与发展。根据理论分析和实证研究结论，本书发现城市在成为国家创新型试点城市之后会显著促进当地企业创新水平的提升，且该促进作用具有持续性，不仅为继续进行国家创新型城市试点工作提供了经验证据，而且为全面推广创新型城市建设提供了政策参考，对我国建设创新型国家战略具有现实意义。在本书研究结果基础之上提出以下几点启示。

一、推进科技创新统筹协调机制，加快建设城市创新相关政策体系

我国增强创新能力和提高综合竞争力离不开创新相关政策体系的扶持。因此，需要在坚持国家创新驱动发展战略指引下，对城市重大科技规划进行高效的顶层制度设计，以不断完善区域创新政策体系。

（一）坚持政府统筹规划和科学布局，加快完善城市创新发展的体制架构和政策体系

地方政府需要积极响应和认真解读与国家创新驱动发展战略相关的政策，坚持创新驱动为核心，并结合自身发展基础和产业特色，推动形成“创新引领模式管理机制、科技创新改革示范区、科技产业聚集区、创新创业生态区和开放创新引领区”的区域创新政策体系框架。

（二）为企业制定更加具有针对性的组合型创新政策以激发其创新活力

地方政府需要关注企业创新问题和需求导向，形成有利于城市产业创新升级的创新政策组合体系。与此同时，实施精准化组合型创新政策，聚焦企业创新问题精准发力，帮助创新企业渡过难关。

（三）继续推进创新型城市“试验田”建设，推动创新型城市创新政策体系对接

国家创新型城市试点工作是城市创新政策体系的一部分，对于引领城市创新发展，实现市场创新资源优化配置起着重要的作用。坚持“中央统筹与地方执行、政府引导与市场配置、专利数量增长与质量稳步提升”，探索新时代下城市创新发展新模式，形成能够带动全国创新发展的创新型城市，不断完善创新型城市政策体系。

二、加快完善市场机制，加速创新资源优化配置

面对不稳定的国际市场环境，要以创新型城市建设为契机，科学布

局和统筹规划，不断完善市场机制作用，培育市场创新主体，激发市场创新活力。正确发挥政府引导机制和市场配置机制，坚持“政策+市场”双驱动，强化市场人才、知识、科技、资金和信息等要素市场的服务功能。

（一）建立健全市场快速反应机制

创新主体只有具备快速反应能力，不断调整决策才能保持竞争优势。这也要求政府各有关部门建立健全市场快速反应机制，以帮助市场主体及掌握市场需求，为企业创新活动纾解困难。从创新的本质来看，“创造性破坏”本就是推动市场里各种生产要素重新组合以发挥最大效益，这就要求建立更高效且精准的市场反应机制来推动创新生产要素的流动配置以及时发现问题，防止创新活动出现不确定性风险。

（二）加快完善创新市场导向机制

市场对技术研发的方向和要素配置具有导向作用，有利于创新组织更有效率地实现技术创新目标，解决企业的突出矛盾和在技术创新过程中遇到的问题。一方面，技术创新是由企业、高校、研发和服务机构等多个创新主体在参与市场竞争下形成的技术创新链，在各自比较优势基础上进行专业化分工协作，这不仅有助于市场创新组织高效运作，而且有助于优化科技资源配置效果。另一方面，受到城市试点工作导向和市场利益的驱动，市场会形成有效的创新主体连接机制，既有助于配置创新资源，提高创新效率，又能快速促进创新成果产出与应用。

（三）打破区域壁垒并建立互补与协作的市场创新合作机制

创新型城市不仅是科技创新资源和要素的重要集聚地，也是区域创新合作的重要载体和节点。因此，需要进一步打破目前创新型城市之间存在的行政壁垒，充分发挥创新型城市对区域创新资源空间配置的枢纽作用，加强其对周边城市创新发展的辐射和引领作用，让创新资源和要素在更大范围内自由流动，形成创新型城市与周边城市“统筹规划、优势互补和分工协作”的新型市场创新合作机制，不断释放区域创新动能。

三、推进城市创新综合服务体系建设，不断优化企业创新环境

通过前文的理论分析和实证研究，可以看出在政府的引导下，推进城市创新综合服务体系建设，优化城市创新创业环境，能够有效提升城市和企业的整体创新水平。

（一）打造具有吸引力和竞争力的创新人才集聚高地

要建立多层次的人才引进模式，加强对科学技术和国际化复合人才全方位和多渠道的培养模式，扶持重点产业急需人才，不断完善和细化城市人才引进政策。坚持人才引进与创新型城市发展需求相适应的原则，做到“人才资源”有“用武之地”。不仅如此，还要加强人才培养、服务和保障体系建设，解决当前创新人才和团队存在的结构性矛盾，遵循人才成长和流动规律。同时，积极引导和鼓励企业以各种方式招贤纳士，重点吸引高层次高质量创新人才。鼓励引进高校院所技术人才到企业担任“技术职位”。

（二）加快完善研发合作平台建设和国际研发基地建设

研发合作交流平台是聚集创新要素资源的重要载体。有必要加快建设以市场为导向的技术合作平台，不断提升科技创新创业载体的实效性。另外，需要进一步加强创新基础设施投资建设，为企业、高校与科研机构搭建沟通的平台和基地，形成市场创新主体互动沟通机制，促进城市创新系统的发展。

（三）构建多渠道金融服务体系助力企业创新发展

国家创新型城市试点工作能够促进金融服务体系优化升级，精准对接企业创新的金融需求，为企业创新提供更加多元化的融资方案和服务渠道，以支持企业研发项目和创新活动。具体来看，可以通过建立和完善金融机构与企业的合作平台、引导社会资本积极参与企业的创新活动以及支

持商业银行对创新企业的金融支持，改善企业融资渠道，缓解企业的融资约束，增强企业创新能力。

（四）营造稳定、公平和透明的市场信息环境

继续推进市场信息化建设，提高信息中介服务质量，促进信息资源向创新主体之间进行有效传递，为企业技术创新资源整合与成果转化供给专业信息服务。与此同时，也要加强资本市场信息监管力度，对虚假披露信息、欺诈发行股票等违法犯罪行为予以坚决打击，提升资本市场诚信度，从而为企业创新发展提供稳定、有序和健康的市场信息环境。

四、加大地方财税政策响应和支持力度，不断激发企业创新活力

从国家创新型城市试点工作对地方政府响应的驱动力度来看，地方财政补贴和税收优惠政策都对企业创新效果发挥了重要作用。地方政府应重视财税政策对企业创新的支持作用和调节作用，合理分配财政补贴和税收减免，进一步完善地方财税体制。

在财政相关政策方面，首先，地方政府要把预算保障重心放在科技投入上，进一步完善对科技投入的稳步增长机制，确保科技投入水平与国家创新型城市的要求相匹配和相适应，加快建设科技创新服务平台。其次，积极发挥财政政策的资金激励作用，根据国家创新型城市建设的财政政策引导要求，给予创新项目配套支持。与此同时，为了防止企业对创新补贴的投机行为，按照“控总额，严审查”的原则，合理分配使用创新资金，积极引导和鼓励企业自主创新；另外，在该类政策的倾斜对象上，应以非国有企业与高技术企业等为重点扶植目标，由于上述类型的企业往往拥有较强的创新能力与潜力，从而更有利于激发此类企业创新活力和产出，提高城市整体创新水平。最后，完善考核机制与绩效评价，最大化财政政策的激励效果。

在税收政策方面，结合前文对企业生命周期的异质性分析，本书认为相关部门可制定覆盖企业从初创期到发展期的整个生命周期的相关税收优

惠措施为成长期的企业创造良好环境。对成长期企业而言，制定相关政策如固定资产加速折旧等政策以支持其更好地进行研发创新，提升企业创新产出数量。另外，为企业购买的研发设备和科技成果转化实施税收优惠，对企业引进的科技创新人才延期缴纳个人所得税等一系列有利于增强成长期企业创新动能的税收优惠措施。对成熟期企业而言，同样需要发挥税收政策的调节和激励作用，以吸收“科技养分”，助力企业创新“枝繁叶茂”。具体措施包括：扩大对高新技术企业的认定范围、对研发设备更新和先进技术引进形成的增值税给予抵扣或退还，对具有影响力的创新型企业的税收政策优惠范围应覆盖科技创新企业活动的多个环节和领域，支持大型企业开发高新技术产品，以最大限度激发成熟期企业创新活力，提升企业创新质量。

参考文献

[1] A Myrick Freeman R, Freeman C, Freeman S. Technology, policy, and economic performance: lessons from Japan [M]. Burns & Oates, 1987.

[2] Adhikari B K, Agrawal A. Religion, gambling attitudes and corporate innovation [J]. Journal of Corporate Finance, 2016, 37: 229-248.

[3] Adizes I. Organizational passages—diagnosing and treating lifecycle problems of organizations [J]. Organizational dynamics, 1979, 8 (1): 3-25.

[4] Aghion P, Howitt P. A Model of Growth Through Creative Destruction [J]. Scholarly Articles, 1992.

[5] Aghion P, Bloom N, Blundell R, et al. Competition and innovation: An inverted-U relationship [J]. The quarterly journal of economics, 2005, 120 (2): 701-728.

[6] Antoniades A. Heterogeneous firms, quality, and trade [J]. Journal of International Economics, 2015, 95 (2): 263-273.

[7] Arrow K J. The Economic Implications of Learning by Doing [J]. Review of Economic Studies, 1962, 29: 155-173.

[8] Atuahene-Gima, Kwaku. Resolving the Capability—Rigidity Paradox in New Product Innovation [J]. Journal of Marketing, 2005, 69 (4): 61-83.

[9] Ayyagari M, Demirgü-Kunt A, Maksimovic V. Firm Innovation in Emerging Markets: The Role of Finance, Governance, and Competition [J]. Journal of Financial and Quantitative Analysis, 2011, 46 (6): 1545-1580.

[10] Bansal P, Hunter T. Strategic Explanations for the Early Adoption of ISO 14001 [J]. Journal of Business Ethics, 2003, 46 (3): 289-299.

[11] Baron R M, Kenny D A. The moderator-mediator variable distinction

in social psychological research: Conceptual, strategic, and statistical considerations [J]. Journal of personality and social psychology, 1986, 51 (6): 1173.

[12] Bayar O, Chemmanur T J, Liu M H. How to motivate fundamental innovation: Subsidies versus prizes and the role of venture capital [R]. 2016.

[13] Berkowitz J, White M J. Bankruptcy and small firms' access to credit [R]. National Bureau of Economic Research, 2002.

[14] Bertrand M, Duflo E, Mullainathan S. How much should we trust differences-in-differences estimates? [J]. The Quarterly journal of Economics, 2004, 119 (1): 249-275.

[15] Beugelsdijk S. The regional environment and a firm's innovative performance: a plea for a multilevel interactionist approach [J]. Economic Geography, 2007, 83 (2): 181-199.

[16] Bhatti Y, Olsen A L, Pedersen L H. Administrative professionals and the diffusion of innovations: The case of citizen service centres [J]. Public Administration, 2011, 89 (2): 577-594.

[17] Bianchini F, Landry C. The Creative City [M]. London: Comedia, Demos, 1995.

[18] Bin X U, Jiangyong L U. Foreign direct investment, processing trade, and the sophistication of China's exports [J]. China Economic Review, 2009, 20 (3): 425-439.

[19] Borins S. What border? Public management innovation in the United States and Canada [J]. Journal of Policy Analysis and Management: The Journal of the Association for Public Policy Analysis and Management, 2000, 19 (1): 46-74.

[20] Bradford N J. Creative cities: Structured policy dialogue backgrounder [M]. Canadian Policy Research Network, Family Network, 2004.

[21] Bronzini R, Piselli P. The impact of R&D subsidies on firm innovation [J]. Research Policy, 2016, 45 (2): 442-457.

[22] Cao Y, Qian Y, Weingast B R. From Federalism, Chinese Style, to

Privatization, Chinese Style [J]. Economics of Transition. 2010, 7 (1): 103-131.

[23] Cass D. Optimum growth in an aggregative model of capital accumulation [J]. The Review of economic studies, 1965, 32 (3): 233-240.

[24] Chemmanur T J, Loutskina E, Tian X. Corporate Venture Capital, Value Creation, and Innovation [J]. Review of Financial Studies, 2014, 27 (8): 2434-2473.

[25] Chen K, Jefferson G H, Singh I. Lessons from China's economic reform [J]. Journal of Comparative Economics. 1992, 16 (2): 201-225.

[26] Ciftci M, Cready W M. Scale effects of R&D as reflected in earnings and returns [J]. Journal of Accounting and Economics, 2011, 52 (1): 62-80.

[27] Cohendet P, Grandadam D, Simon L. Economics and the ecology of creativity: evidence from the popular music industry [J]. International Review of Applied Economics, 2009, 23 (6): 709-722.

[28] Cooke P. Regional innovation systems, clusters, and the knowledge economy [J]. Industrial and corporate change, 2001, 10 (4): 945-974.

[29] Cornaggia J, Mao Y, Tian X, et al. Does banking competition affect innovation? [J]. Journal of financial economics, 2015, 115 (1): 189-209.

[30] Crépon B, Van Den Berg G J. Active labor market policies [J]. Annual Review of Economics, 2016, 8: 521-546.

[31] Cummins J G, Nyman I. The dark side of competitive pressure [J]. RAND Journal of Economics, 2005: 361-377.

[32] Czarnitzki D, Hottenrott H. Are local milieus the key to innovation performance? [J]. Journal of regional science, 2009, 49 (1): 81-112.

[33] Damanpour F, Schneider M. Characteristics of innovation and innovation adoption in public organizations: Assessing the role of managers [J]. Journal of public administration research and theory, 2009, 19 (3): 495-522.

[34] De Waegenaere A, Sansing R C, Wielhouwer J L. Multinational taxation and R&D investments [J]. The Accounting Review, 2012, 87 (4):

1197-1217.

[35] Dhaliwal D S, Li O Z, Tsang A, et al. Voluntary nonfinancial disclosure and the cost of equity capital: The initiation of corporate social responsibility reporting [J]. The accounting review, 2011, 86 (1): 59-100.

[36] Dickinson V. Cash flow patterns as a proxy for firm life cycle [J]. The Accounting Review, 2011, 86 (6): 1969-1994.

[37] Domar E D. Capital expansion, rate of growth, and employment [J]. Econometrica, Journal of the Econometric Society, 1946: 137-147.

[38] Enos J L. Invention and Innovation in the Petroleum Refining Industry [J]. Nber Chapters, 1962, 27 (8): 786-790.

[39] Fagerberg J, Mowery D C, Nelson R R. The Oxford Handbook of Innovation [M]. Oxford University Press, 2004.

[40] Fang V W, Tian X, Tice S. Does stock liquidity enhance or impede firm innovation? [J]. Journal of Finance, 2014, 69 (5): 2085-2125.

[41] Florida R, Mellander C P A, Stolarick K M. Talent, technology and tolerance in Canadian regional development [J]. The Canadian Geographer/Le Géographe canadien, 2010, 54 (3): 277-304.

[42] Frankel R, Li X. Characteristics of a Firm's Information Environment and the Information Asymmetry between Insiders and Outsiders [J]. Journal of Accounting and Economics, 2004, (2): 229-259.

[43] Friedman M, Savage L J, Becker G S. Milton Friedman on Economics: selected books [M]. University of Chicago Press, 2007.

[44] Friesenbichler K, Peneder M. Innovation, competition and productivity: Firm-level evidence for Eastern Europe and Central Asia [J]. Economics of Transition, 2016, 24 (3): 535-580.

[45] Fritsch M, Slavtchev V. Determinants of the efficiency of regional innovation systems [J]. Regional studies, 2011, 45 (7): 905-918.

[46] Garrett R P, Covin J G, Slevin D P. Market responsiveness, top management risk taking, and the role of strategic learning as determinants of

market pioneering [J]. Journal of Business Research, 2009, 62 (8): 782-788.

[47] Goldstein I, Jiang W, Karolyi G A. To FinTech and beyond [J]. The Review of Financial Studies, 2019, 32 (5): 1647-1661.

[48] Gonzalez X, Pazo P. Do public subsidies stimulate private R&D spending? [J]. Research Policy, 2008, 37 (3): 371-389

[49] Grossman G M, Helpman E. The politics of free trade agreements [R]. National Bureau of Economic Research, 1993.

[50] Guo D, Guo Y, Jiang K. Government-subsidized R&D and firm innovation: Evidence from China [J]. Research policy, 2016, 45 (6): 1129-1144.

[51] Hadlock C J, Pierce J R. New Evidence on Measuring Financial Constraints: Moving Beyond the KZ Index [J]. Review of Financial Studies, 2010, 23 (5): 1909-1940.

[52] Hall P. Creative cities and economic development [J]. Urban studies, 2000, 37 (4): 639-649.

[53] Harrod, R F. An Essay in Dynamic Theory [J]. Economic Journal, 1939, 49: 14-33.

[54] Hasan M M, Hossain M, Habib A. Corporate life cycle and cost of equity capital [J]. Journal of Contemporary Accounting & Economics, 2015, 11 (1): 46-60.

[55] Hausmann R, Hwang J, Rodrik D. What You Export Matters [J]. Journal of Economic Growth, 2007, 12 (1): 1-25.

[56] He B, Thøgersen S. Giving the people a voice? Experiments with consultative authoritarian institutions in China [J]. Journal of Contemporary China, 2010, 19 (66): 675-692.

[57] Heilmann S. From Local Experiments to National Policy: The Origins of China's Distinctive Policy Process [J]. China Journal. 2008, 59 (59): 1-30.

[58] Heilmann S. Policy Experimentation in China's Economic Rise [J]. Open Times. 2008, 43 (1): 1-26.

[59] Hekkert M P, Suurs R A A, Negro S O, et al. Functions of

innovation systems: A new approach for analysing technological change [J]. Technological forecasting and social change, 2007, 74 (4): 413-432.

[60] Hirshleifer D, Hsu P H, Li D. Innovative efficiency and stock returns [J]. Journal of Financial Economics, 2013, 107 (3): 632-654.

[61] Holmström, Bengt. Agency Costs and Innovation [J]. Working Book Series, 1989, 12 (3): 305-327.

[62] Hospers G J. Creative cities in Europe: Urban competitiveness in the knowledge economy [J]. 2003, 38 (5): 260-269.

[63] Howell S T. Financing innovation: Evidence from R&D grants [J]. American Economic Review, 2017, 107 (4): 1136-64.

[64] Hsu P H, Tian X, Xu Y. Financial development and innovation: Cross-country evidence [J]. Journal of Financial Economics, 2014, 112 (1): 116-135.

[65] Hurst W, Teets J C. Local governance innovation in China: experimentation, diffusion, and defiance [M]. Routledge, 2014.

[66] Jacobs F G. Innovation and Continuity in the Law of Treaties [J]. Mod. L. Rev., 1970, 33: 508.

[67] Jacobs J. The Death and Life of Great American Cities [M]. New York: Vintage Books, 1961.

[68] Jacobson L S, LaLonde R J, Sullivan D G. Earnings losses of displaced workers [J]. The American economic review, 1993, 83 (4): 685-709.

[69] Jaffe A B, Le T. The impact of R&D subsidy on innovation: a study of New Zealand firms [R]. National Bureau of Economic Research, 2015.

[70] James, Simmie, James, et al. Innovation in Europe: A Tale of Networks, Knowledge and Trade in Five Cities [J]. Regional Studies. 2002.

[71] Jiao H, Zhou J, Gao T, et al. The more interactions the better? The moderating effect of the interaction between local producers and users of knowledge on the relationship between R&D investment and regional innovation systems [J]. Technological Forecasting and Social Change, 2016, 110: 13-20.

[72] Kaldor N. A model of economic growth [J]. The economic journal, 1957, 67 (268): 591-624.

[73] King N, Anderson N, West M A. Organizational innovation in the UK: A case study of perceptions and processes [J]. Work & Stress, 1991, 5 (4): 331-339.

[74] Kline S J, Rosenberg N. An overview of innovation. The positive sum strategy: Harnessing technology for economic growth [J]. The National Academy of Science, USA, 1986, 35: 36.

[75] Koopmans T C. On the concept of optimal economic growth [R]. Cowles Foundation for Research in Economics, Yale University, 1963.

[76] Krugman P. Increasing Returns and Economic Geography [J]. Journal of Political Economy, 1991, 99 (3): 483-499.

[77] Laeven L, Levine R, Michalopoulos S. Financial innovation and endogenous growth [J]. Journal of Financial Intermediation, 2015, 24 (1): 1-24.

[78] Landry C. The creative city [M]. Earthscan Publications Ltd, 2000.

[79] Lee N, Rodríguez-Pose A. Innovation in creative cities: Evidence from British small firms [J]. Industry and Innovation, 2014, 21 (6): 494-512.

[80] Lucas Jr R E. On the mechanics of economic development [J]. Journal of monetary economics, 1988, 22 (1): 3-42.

[81] Lucas R E. Making a Miracle [J]. Econometrica, 1993, 61 (2): 251-272.

[82] Marshall A. Industry and trade [M]. Cosimo Inc, 2013.

[83] Maryann P, Feldman, et al. Innovation in cities: Science-based diversity, specialization and localized competition [J]. European Economic Review, 1999.

[84] Mason C, Brown R. Entrepreneurial ecosystems and growth oriented entrepreneurship [J]. Final report to OECD, Paris, 2014, 30 (1): 77-102.

[85] McDonough E, Athanassion N, and Barczak D. Networking for global new product innovation [J]. International Journal of Business Innovation and

Research. 2006, 1 (10): 196-199.

[86] Mei C, Liu Z. Experiment-based policy making or conscious policy design? The case of urban housing reform in China [J]. Policy Sciences. 2014, 47 (3): 321-337.

[87] Mei Y, Liu R, Yang Q, et al. Torrefaction of cedarwood in a pilot scale rotary kiln and the influence of industrial flue gas [J]. Bioresource Technology, 2015, 177: 355-360.

[88] Melitz M J, Ottaviano G I P. Market size, trade, and productivity [J]. The review of economic studies, 2008, 75 (1): 295-316.

[89] Melitz M J. The impact of trade on intra-industry reallocations and aggregate industry productivity [J]. Econometrica, 2003, 71 (6): 1695-1725.

[90] Montinola G, Qian Y, Weingast B R. Federalism, Chinese Style: The Political Basis for Economic Success in China [J]. World Politics. 1995, 48 (1): 50-81.

[91] Mooney C Z. Modeling regional effects on state policy diffusion [J]. Political Research Quarterly, 2001, 54 (1): 103-124.

[92] Mueser R. Identifying technical innovations [J]. IEEE Transactions on Engineering Management, 1985 (4): 158-176.

[93] Mukherjee A, Singh M, Žaldokas A. Do corporate taxes hinder innovation? [J]. Journal of Financial Economics, 2017, 124 (1): 195-221.

[94] Nelson R R. The simple economics of basic scientific research [J]. Journal of political economy, 1959, 67 (3): 297-306.

[95] Peress J. Product market competition, insider trading, and stock market efficiency [J]. The Journal of Finance, 2010, 65 (1): 1-43.

[96] Porter M E. Capital disadvantage: America's failing capital investment system [J]. Harvard Business Review, 1992, 70 (5): 65-82.

[97] Rawski T G. Implications of China' Reform Experience [J]. China Quarterly. 1995, 144 (144): 1150-1173.

[98] Romer P M. Increasing returns and long-run growth [J]. Journal of

political economy, 1986, 94 (5): 1002-1037.

[99] Salge T O, Vera A. Benefiting from public sector innovation: The moderating role of customer and learning orientation [J]. Public Administration Review, 2012, 72 (4): 550-559.

[100] Sasaki M. Urban regeneration through cultural creativity and social inclusion: Rethinking creative city theory through a Japanese case study [J]. Cities, 2010, 27: S3-S9.

[101] Sassen S. On Concentration and Centrality in the Global City [A]. World Cities in a World System. 1995, 63-78.

[102] Schumpeter J A. Business cycles [M]. New York: McGraw-Hill, 1939.

[103] Schumpeter J A. The theory of economic development, translated by Redvers Opie [J]. Harvard: Economic Studies, 1934, 46: 1600-0404.

[104] Shalley C E, Zhou J. Organizational creativity research: A historical overview [J]. Handbook of organizational creativity, 2008, 331: 3-31.

[105] Shao Y, Xiao C. Corporate tax policy and heterogeneous firm innovation: Evidence from a developing country [J]. Journal of Comparative Economics, 2019, 47 (2): 470-486.

[106] Simmie J. Innovative City [M]. London Spon Press, 2001.

[107] Singh J, Marx M. Geographic constraints on knowledge spillovers: Political borders vs. spatial proximity [J]. Management Science, 2013, 59 (9): 2056-2078.

[108] Sirmon D G, Hitt M A, Ireland R D. Managing Firm Resources in Dynamic Environments to Create Value: Looking Inside the Black Box [J]. Academy of Management Review. 2007, 32 (1): 273-292.

[109] Sirmon D G, Hitt M A. Managing Resources: Linking Unique Resources, Management and Wealth Creation in Family Firms [J]. Entrepreneurship Theory & Practice. 2010, 27 (4): 339-358.

[110] Smit M J, Abreu M A, de Groot H L F. Micro-evidence on the

determinants of innovation in the N etherlands: The relative importance of absorptive capacity and agglomeration externalities [J]. Papers in Regional Science, 2015, 94 (2): 249-272.

[111] Solow R M. Technical Change And The Aggregate Production Function [J]. Review of Economics and Statistics, 1957, 39 (3): 312-320.

[112] Solow R M. Growth theory and after [J]. The American Economic Review, 1988, 78 (3): 307-317.

[113] Sternberg R, Arndt O. The firm or the region: what determines the innovation behavior of European firms? [J]. Economic Geography, 2001, 77 (4): 364-382.

[114] Swan T W. Economic growth and capital accumulation [J]. Economic record, 1956, 32 (2): 334-361.

[115] Tassey G. Policy Issues for R&D Investment in a Knowledge-Based Economy [J]. Journal of Technology Transfer. 2004, 29 (2): 153-185.

[116] Teets J C. Policy diffusion in China: Contracting out elder care [J]. China An International Journal. 2016, 14.

[117] Teixeira A A C. Evolution, roots and influence of the literature on National Systems of Innovation: a bibliometric account [J]. Cambridge Journal of Economics, 2014, 38 (1): 181-214.

[118] Tingvall P G, Poldahl A. Is there really an inverted U-shaped relation between competition and R&D? [J]. Economics of Innovation and New Technology, 2006, 15 (2): 101-118.

[119] Tsai W H, Dean N. Experimentation under Hierarchy in Local Conditions: Cases of Political Reform in Guangdong and Sichuan, China [J]. China Quarterly. 2014, 218 (1): 339-358.

[120] Tsai W H, Liao X. Concentrating Power to Accomplish Big Things: The CCP's Pishi System and Operation in Contemporary China [J]. Journal of Contemporary China. 2016, 26 (104): 1-14.

[121] Uzawa H. Optimum technical change in an aggregative model of

economic growth [J]. International economic review, 1965, 6 (1): 18-31.

[122] Vega-Jurado J, Gutiérrez-Gracia A, Fernández-de-Lucio I, ManjarrésHenríquez. The effect of external and internal factors on firms' product innovation [J]. Research policy, 2008, 37 (4): 616-632.

[123] Walker R M, Jeanes E, Rowlands R. Measuring innovation-applying the literature-based innovation output indicator to public services [J]. Public Administration, 2002, 80 (1): 201-214.

[124] Wang C C, Lin G C S. Dynamics of innovation in a globalizing china: regional environment, inter-firm relations and firm attributes [J]. Journal of Economic Geography, 2012, 13 (3): 397-418.

[125] West M, Farr J L. Innovation and creativity at work: Psychological and organizational strategies [J]. Health Policy, 1991, 45 (3): 175-86.

[126] Wilson D J. Beggar thy neighbor? The in-state, out-of-state, and aggregate effects of R&D tax credits [J]. The Review of Economics and Statistics, 2009, 91 (2): 431-436.

[127] Zhou K Z, Tse Y D K. The Effects of Strategic Orientations on Technology-and Market-Based Breakthrough Innovations [J]. Journal of Marketing, 2005, 69 (2): 42-60.

[128] 安同良，周绍东，皮建才．R&D 补贴对中国企业自主创新的激励效应 [J]. 经济研究，2009 (10): 87-98.

[129] 安志．面向企业的政府创新激励政策效应研究 [D]. 南京：南京大学，2019.

[130] 白俊红，蒋伏心．协同创新、空间关联与区域创新绩效 [J]. 经济研究，2015，7: 174-187.

[131] 白俊红．中国的政府 R&D 资助有效吗？来自大中型工业企业的经验证据 [J]. 经济学（季刊），2011，10 (04): 1375-1400.

[132] 毕青苗，陈希路，徐现祥，等．行政审批改革与企业进入 [J]. 经济研究，2018，2: 140-155.

[133] 蔡嵘．创新型城市评价方法探讨 [J]. 统计与决策，2009

（18）：165-166.

［134］蔡卫星，倪骁然，赵盼，等．企业集团对创新产出的影响：来自制造业上市公司的经验证据［J］．中国工业经济，2019，1：137-155.

［135］陈晨，张广胜．国家创新型城市对属地创新能力影响效应评估——政策动态过程与政企互动视角［J］．科技进步与对策，37（11）：126-135.

［136］陈德球，陈运森，董志勇．政策不确定性，税收征管强度与企业税收规避［J］．管理世界，2016，5：151-163.

［137］陈林，朱卫平．出口退税和创新补贴政策效应研究［J］．经济研究，2008（11）：74-87.

［138］陈强远，林思彤，张醒．中国技术创新激励政策：激励了数量还是质量［J］．中国工业经济，2020，No. 385（04）：81-98.

［139］陈钦源，马黎珺，伊志宏．分析师跟踪与企业创新绩效——中国的逻辑［J］．南开管理评论，2017，20（03）：15-27.

［140］陈时兴．行政服务中心对行政审批制度改革的机理分析［J］．中国行政管理，2006，4：36-39.

［141］陈思，何文龙，张然．风险投资与企业创新：影响和潜在机制［J］．管理世界，2017，1：158-169.

［142］陈媞．创新型城市的形成机理及评价指标体系研究［D］．武汉：武汉理工大学，2012.

［143］陈洋林，宋根苗，张长全．税收优惠对战略性新兴产业创新投入的激励效应评价——基于倾向评分匹配法的实证分析［J］．税务研究，2018，（008）：80-86.

［144］陈钊，陆铭，何俊志．权势与企业家参政议政［J］．世界经济，2008，6：39-49.

［145］陈志．论产业政策向创新政策的演进［J］．科技中国，2018，No. 251（08）：53-55.

［146］代明，殷仪金，戴谢尔．创新理论：1912—2012——纪念熊彼特《经济发展理论》首版100周年［J］．经济学动态，2012（04）：143

-150.

［147］董建卫，王晗，施国平．政府引导基金参股创投基金对企业创新的影响［J］．科学学研究，2018（8）：1474-1486.

［148］方创琳，马海涛，王振波，等．中国创新型城市建设的综合评估与空间格局分异［J］．地理学报．2014，69（4）：459-473.

［149］冯飞鹏．产业政策，信贷配置与创新效率［J］．财经研究，2018，44（7）.

［150］冯根福，温军．中国上市公司治理与企业技术创新关系的实证分析［J］．中国工业经济，2008，（007）：91-101.

［151］冯笑，王永进，刘灿雷．行政审批效率与中国制造业出口——基于行政审批中心建立的“准自然实验”［J］．财经研究，2018，44（10）：98-110.

［152］符栋良．技术创新补贴与税收优惠政策对关联企业技术创新的影响研究［D］．上海：上海交通大学，2017.

［153］傅家骥．技术创新学［M］．北京：清华大学出版社，1998.

［154］傅晓霞，吴利学．技术差距、创新环境与企业自主研发强度［J］．世界经济，2012（07）：101-122.

［155］顾夏铭，陈勇民，潘士远．经济政策不确定性与创新——基于我国上市公司的实证分析［J］．经济研究，2018，53（02）：109-123.

［156］顾新．区域创新系统的运行［J］．中国软科学，2001（11）：105-108.

［157］郭峰，熊瑞祥．地方金融机构与地区经济增长——来自城商行设立的准自然实验［J］．经济学（季刊），2018，17（1）：221-246.

［158］郭玥．政府创新补助的信号传递机制与企业创新［J］．中国工业经济，2018（09）：98-116.

［159］韩兵，苏屹，李彤，等．基于两阶段 DEA 的高技术企业技术创新绩效研究［J］．科研管理，2018，39（03）：11-19.

［160］韩博天，石磊．中国经济腾飞中的分级制政策试验［J］．开放时代，2008（5）.

[161] 韩瑞栋，薄凡．自由贸易试验区对资本流动的影响效应研究——基于准自然实验的视角［J］．国际金融研究，2019（7）：36-45.

[162] 洪银兴．城市功能意义的城市化及其产业支持［J］．经济学家，2003，2（2）：29-36.

[163] 侯鹏，刘思明，建兰宁．创新环境对中国区域创新能力的影响及地区差异研究［J］．经济问题探索，2014，11：73-80.

[164] 胡宁生．体制转轨过程中公共政策创新的主要影响因素［J］．中国行政管理，2003，5（005）：41-48.

[165] 胡钰．创新型城市建设的内涵、经验和途径［J］．中国软科学，2007（04）：32-38.

[166] 黄飚．当代中国政府的试点选择［D］．杭州：浙江大学，2018.

[167] 以自主创新为基础 构建区域生态循环型农业——以四川省为例［J］．科技进步与对策，2006，23（7）：76-78.

[168] 惠宁，谢攀，霍丽．创新型城市指标评价体系研究［J］．经济学家，2009（2）：102-104.

[169] 霍丽，惠宁．制度优势与创新型城市的形成［J］．学术月刊，2006（12）：59-65.

[170] 纪宝成．创新型城市战略论纲［M］．北京：中国人民大学出版社，2009.

[171] 简泽，谭利萍，吕大国，等．市场竞争的创造性，破坏性与技术升级［J］．中国工业经济，2017，5：18-36.

[172] 江轩宇．政府放权与国有企业创新——基于地方国企金字塔结构视角的研究［J］．管理世界，2016（9）：120-135.

[173] 蒋含明．要素市场扭曲如何影响我国城镇居民收入分配？——基于 CHIP 微观数据的实证研究［J］．南开经济研究，2016（05）：132-144.

[174] 解维敏，方红星．金融发展、融资约束与企业研发投入［J］．金融研究，2011（05）：171-183.

[175] 解维敏，唐清泉，陆姗姗．政府 R&D 资助，企业 R&D 支出与

自主创新——来自中国上市公司的经验证据［J］. 金融研究，2009，6（86）：99.

［176］解学梅，徐茂元．协同创新机制，协同创新氛围与创新绩效——以协同网络为中介变量［J］. 科研管理，2014，35（12）：9-16.

［177］鞠晓生，卢荻，虞义华．融资约束、营运资本管理与企业创新可持续性［J］. 经济研究，2013（01）：4-16.

［178］孔东民，徐茗丽，孔高文．企业内部薪酬差距与创新［J］. 经济研究，2017（10）：144-157.

［179］寇明婷，陈凯华，高霞，等．创新型城市技术创新投资效率的测度方法研究：基于创新过程的视角［J］. 科研管理．2014，V35（6）：56-67.

［180］寇宗来，刘学悦．中国城市和产业创新力报告 2017［J］. 复旦大学产业发展研究中心，2017.

［181］寇宗来，刘学悦．中国企业的专利行为：特征事实以及来自创新政策的影响［J］. 经济研究，2020，v. 55；No. 630（03）：85-101.

［182］黎文飞，唐清泉．政府行为的不确定抑制了企业创新吗？——基于地方财政行为波动的视角［J］. 经济管理，2015，8.

［183］黎文靖，郑曼妮．实质性创新还是策略性创新？——宏观产业政策对微观企业创新的影响［J］. 经济研究，2016（4）：60-73.

［184］李贲，吴利华．开发区设立与企业成长：异质性与机制研究［J］. 中国工业经济，2018，No. 361（04）：86-104.

［185］李勃昕，韩先锋，李宁．知识产权保护是否影响了中国 OFDI 逆向创新溢出效应？［J］. 中国软科学，2019，339（03）：51-65.

［186］李春涛，宋敏．中国制造业企业的创新活动：所有制和 CEO 激励的作用［J］. 经济研究，2010，45（05）：55-67.

［187］李春涛，许红梅，王立威，等．卖空与创新：A 股公司融券试点的证据［J］. 会计研究，2020（2）：133-142.

［188］李丹蒙，夏立军．股权性质，制度环境与上市公司 R&D 强度［J］. 财经研究，2008，34（4）：93-104.

［189］李刚，余郁波．长三角城市群高技术产业与城市创新能力分析

［J］. 长春理工大学学报（社会科学版），2021，34（01）：79-86，93.

［190］李光辉. 自由贸易试验区——中国新一轮改革开放的试验田［J］. 国际贸易，2017（06）：6-8.

［191］李林. 国家创新型试点城市的经济驱动效应研究［D］. 西安：西北大学，2018.

［192］李万福，杜静，张怀. 创新补助究竟有没有激励企业创新自主投资——来自中国上市公司的新证据［J］. 金融研究，2017（10）：134-149.

［193］李习保. 区域创新环境对创新活动效率影响的实证研究［J］. 数量经济技术经济研究，2007（08）：13-24.

［194］李研，梁洪力. 科技类社会组织在建设区域创新体系中的作用——以中关村为例［J］. 中国科技论坛，2014（002）：22-26.

［195］李湛，张良，罗鄂湘. 科技创新政策、创新能力与企业创新［J］. 科研管理，2019（10）：14-24.

［196］李政，杨思莹. 创新型城市试点提升城市创新水平了吗？［J］. 经济学动态，2019（08）：70-85.

［197］李智超. 政策试点推广的多重逻辑——基于我国智慧城市试点的分析［J］. 公共管理学报，2019，16（03）：145-156+175.

［198］李仲飞. 创新型城市建设的理论与实践［M］. 北京：科学出版社，2014.

［199］林毅夫，谭国富. 自生能力，政策性负担，责任归属和预算软约束［J］. 经济社会体制比较，2000（04）：54-58.

［200］林洲钰，林汉川，邓兴华. 所得税改革与中国企业技术创新［J］. 中国工业经济. 2013（3）：111-123.

［201］刘超，李慧娟. 基于粗糙集条件信息熵的城市创新能力研究——以郑州市为例［J］. 河南科学，2017，35（009）：1529-1534.

［202］刘凤朝，孙玉涛. 我国科技政策向创新政策演变的过程、趋势与建议——基于我国 289 项创新政策的实证分析［J］. 中国软科学，2007（05）：40-48.

［203］刘红光，刘科伟，张继飞. 国外推进自主创新的政策模式及其

对我国建设创新型城市的启示［J］. 科学学与科学技术管理，2006（11）：16-21.

［204］刘虹，肖美凤，唐清泉 . R&D 补贴对企业 R&D 支出的激励与挤出效应——基于中国上市公司数据的实证分析［J］. 经济管理，2012，34（04）：19-28.

［205］刘培伟 . 基于中央选择性控制的试验——中国改革“实践”机制的一种新解释［J］. 开放时代，2010，4（1）：211-241.

［206］刘瑞明，白永秀 . 晋升激励，宏观调控与经济周期：一个政治经济学框架［J］. 南开经济研究，2007，5：19-31.

［207］刘善仕，孙博，葛淳棉，等 . 人力资本社会网络与企业创新——基于在线简历数据的实证研究［J］. 管理世界，2017（07）：88-98，119，188.

［208］刘诗源，林志帆，冷志鹏 . 税收激励提高企业创新水平了吗？——基于企业生命周期理论的检验［J］. 经济研究，2020，55（06）：105-121.

［209］刘世锦 . 推动经济发展质量变革、效率变革、动力变革［J］. 中国发展观察，2017.

［210］刘伟 . 政策试点：发生机制与内在逻辑——基于我国公共部门绩效管理政策的案例研究［J］. 中国行政管理，2015（5）：113-119.

［211］刘伟 . 中国政策试点的三个典型阶段［J］. 行政管理改革，2015（08）：81.

［212］刘晓玮 . 供给侧改革背景下河北创新型生态城市建设评价研究［D］. 天津：河北工业大学，2017.

［213］刘元凤 . 创新型城市的综合评价研究——关于指标体系形成和评价方法优化的讨论［D］. 上海：复旦大学，2010.

［214］柳卸林 . 技术创新经济学［M］. 北京：中国经济出版社，1993.

［215］龙小宁，林菡馨 . 专利执行保险的创新激励效应［J］. 中国工业经济，2018（03）：116-135.

［216］鲁桐，党印 . 公司治理与技术创新：分行业比较［J］. 经济研

究，2014，49（06）：115-128.

［217］吕薇．新时代中国创新驱动发展战略论纲［J］．改革，2018.

［218］吕晓军．政府补贴对企业技术创新的影响研究［D］．武汉：武汉大学，2015.

［219］马宗国，张辉．推进国家自主创新示范区高质量发展的战略思考［J］．宏观经济管理，2019（07）：47-54.

［220］梅赐琪，汪笑男，廖露，等．政策试点的特征：基于《人民日报》1992—2003 年试点报道的研究［J］．公共行政评论，2015.

［221］孟美侠，曹希广，张学良．开发区政策影响中国产业空间集聚吗？——基于跨越行政边界的集聚视角［J］．中国工业经济，2019（11）：79-97.

［222］孟庆玺，尹兴强，白俊．产业政策扶持激励了企业创新吗？——基于“五年规划”变更的自然实验［J］．南方经济，2016（12）.

［223］苗文龙，何德旭，周潮．企业创新行为差异与政府技术创新支出效应［J］．经济研究，2019，54（01）：87-101.

［224］倪骁然，朱玉杰．劳动保护，劳动密集度与企业创新——来自 2008 年《劳动合同法》实施的证据［J］．管理世界，2016（7）：154-167.

［225］聂飞，刘海云．国家创新型城市建设对我国 FDI 质量的影响［J］．经济评论，2019，220（06）：69-81.

［226］聂辉华，江艇，杨汝岱．中国工业企业数据库的使用现状和潜在问题［J］．世界经济，2012，5：142-158.

［227］宁骚．从“政策试验”看中国的制度优势［J］．公共管理研究，2015（3）：15-17.

［228］潘越，潘健平，戴亦一．公司诉讼风险、司法地方保护主义与企业创新［J］．经济研究，2015，50（03）：131-145.

［229］盘宇章，寇宗来．创新政策对中国上市公司专利行为的影响——基于专利生产函数估计［J］．产业经济研究，2015（3）：54-63.

［230］齐亚伟，陶长琪．环境约束下要素集聚对区域创新能力的影响——基于 GWR 模型的实证分析［J］．科研管理，2014，35（9）.

［231］钱明，徐光华，沈弋．社会责任信息披露，会计稳健性与融资约束——基于产权异质性的视角［J］．会计研究，2016，5（9）：17.

［232］任保平．新时代中国经济从高速增长转向高质量发展：理论阐释与实践取向［J］．学术月刊，2018，050（003）：66-74，86.

［233］沙其富，赵菁奇．国家技术创新工程试点省份安徽概况及其启示［J］．科学管理研究，2015，033（001）：68-71.

［234］申宇，黄昊，赵玲．地方政府“创新崇拜”与企业专利泡沫［J］．科研管理，2018，39（4）：83-91.

［235］石忆邵，卜海燕．创新型城市评价指标体系及其比较分析［J］．中国科技论坛，2008（1）：22-26.

［236］史修松，赵曙东，吴福象．中国区域创新效率及其空间差异研究［J］．数量经济技术经济研究，2009（03）：45-55.

［237］许明，邓敏．劳动报酬如何影响出口企业加成率：事实与机制［J］．财经问题研究，2018，418（09）：124-132.

［238］舒耕德，李安娜，王丽丽．当代中国政策实施和政治稳定性研究的分析框架［J］．国外理论动态，2012（05）：63-74.

［239］宋河发，穆荣平，任中保．国家创新型城市评价指标体系研究［J］．中国科技论坛，2010（3）：20-25.

［240］宋洋．创新资源，研发投入与产品创新程度——资源的互斥效应和研发的中介效应［J］．中国软科学，2017（12）：154-168.

［241］孙吉乐．“营改增”、企业利润率与企业创新［J］．管理世界．2017（11）：180-181.

［242］孙早，宋炜．企业 R&D 投入对产业创新绩效的影响——来自中国制造业的经验证据［J］．数量经济技术经济研究，2012，29（04）：49-63，122.

［243］谭劲松，冯飞鹏，徐伟航．产业政策与企业研发投资［J］．会计研究，2017：64.

［244］谭劲松，郑国坚，彭松．地方政府公共治理与国有控股上市公司控制权转移——1996—2004 年深圳市属上市公司重组案例研究［J］．管

理世界，2009（10）：135-151.

［245］唐红祥，李银昌．税收优惠与企业绩效：营商环境和企业性质的调节效应［J］．税务研究，2020（12）：115-121.

［246］唐松，孙铮．政治关联，高管薪酬与企业未来经营绩效［J］．管理世界，2014，5：93-105.

［247］唐未兵，傅元海，王展祥．技术创新，技术引进与经济增长方式转变［J］．经济研究，2014，7：31-43.

［248］唐跃军，左晶晶．所有权性质、大股东治理与公司创新［J］．金融研究，2014（6）：177-192.

［249］陶长琪，徐茉．经济高质量发展视阈下中国创新要素配置水平的测度［J］．数量经济技术经济研究，2021（3）：20.

［250］童锦治，刘诗源，林志帆．财政补贴，生命周期和企业研发创新［J］．财政研究，2018，4：33-47.

［251］王保乾，罗伟峰．国家创新型城市创新绩效评估——以长三角地区为例［J］．城市问题，2018（01）：34-40.

［252］王桂军，曹平．“营改增”对制造业企业自主创新的影响——兼议制造业企业的技术引进［J］．财经研究．2018，44（3）：4-19.

［253］王缉慈．创新的空间：企业集群与区域发展［M］．北京：北京大学出版社，2001.

［254］王克稳．我国行政审批制度的改革及其法律规制［J］．法学研究，2014，36（02）：3-19.

［255］王砾，孔东民，代昀昊．官员晋升压力与企业创新［J］．管理科学学报，2018，21（1）：111-126.

［256］王璐，吴群锋，罗頔．市场壁垒，行政审批与企业价格加成［J］．中国工业经济，2020（6）：100-117.

［257］王绍光．国家汲取能力、政策导向和中国城镇卫生保健的筹资与服务不公平（英文）［J］．中国社会科学（英文版）．2008（1）：66-87.

［258］王双．国家自主创新示范区演进轨迹与展望［J］．改革，2017，5：82-94.

［259］王贤彬，徐现祥，李郇．地方官员更替与经济增长［J］．经济学（季刊），2009，8（4）：1301-1328.

［260］王永进，冯笑．行政审批制度改革与企业创新［J］．中国工业经济，2018（2）：24-42.

［261］温军，冯根福．风险投资与企业创新："增值"与"攫取"的权衡视角［J］．经济研究，2018，2：185-199.

［262］温忠麟，叶宝娟．中介效应分析：方法和模型发展［J］．心理科学进展，2014，22（05）：731-745.

［263］吴家喜，吴贵生．组织间关系、外部组织整合与新产品开发绩效关系研究［J］．软科学．2009，23（11）：1-5.

［264］吴素春，聂鸣．创新资源状况对创新型城市建设的影响——对我国创新型试点城市的实证研究［J］．技术经济与管理研究，2013，2.

［265］吴延兵．国有企业双重效率损失研究［J］．经济研究，2012，47（03）：15-27.

［266］吴怡频，陆简．政策试点的结果差异研究——基于 2000 年至 2012 年中央推动型试点的实证分析［J］．公共管理学报．2018（1）：58-70.

［267］武倩，冯涛．国家创新型城市建设的生产率效应［J］．现代经济探讨，2020（01）：79-84.

［268］夏后学，谭清美．简政放权与政府补贴如何影响技术创新［J］．财贸经济，2017，38（05）：129-146.

［269］夏杰长，刘诚．行政审批改革、交易费用与中国经济增长［J］．管理世界，2017（4）.

［270］肖文，林高榜．政府支持、研发管理与技术创新效率——基于中国工业行业的实证分析［J］．管理世界．2014，No. 247（4）：71-80.

［271］谢玲，顾新，肖进．四川省创新型城市竞争力集成评价及结构解析［J］．世界科技研究与发展，2017，39（4）：380-385.

［272］熊曦，魏晓．国家自主创新示范区的创新能力评价——以我国 10 个国家自主创新示范区为例［J］．经济地理，2016，36（1）：33-38.

［273］徐细雄，李万利．儒家传统与企业创新：文化的力量［J］．金融研究，2019，No.471（09）：116-134.

［274］徐现祥，王贤彬．晋升激励与经济增长：来自中国省级官员的证据［J］．世界经济，2010（2）：15-36.

［275］徐业坤，马光源．地方官员变更与企业产能过剩［J］．经济研究，2019，5：129-145.

［276］许罡，朱卫东．金融化方式、市场竞争与研发投资挤占——来自非金融上市公司的经验证据［J］．科学学研究，2017（05）：72-82，91.

［277］许和连，王海成．简政放权改革会改善企业出口绩效吗？——基于出口退（免）税审批权下放的准自然试验［J］．经济研究，2018（3）：157-170.

［278］许明，邓敏．产品质量与中国出口企业加成率——来自中国制造业企业的证据［J］．国际贸易问题，2016，10.

［279］晏艳阳，谢晓锋．区域创新政策对微观主体创新行为的影响——基于创新型城市建设的研究［J］．财经理论与实践，2019，40（06）：5-11.

［280］杨冬梅，赵黎明，陈柳钦．基于产业集群的区域创新体系构建［J］．科学学与科学技术管理，2005（10）：81-85.

［281］杨冬梅，赵黎明，闫凌州．创新型城市：概念模型与发展模式［J］．科学学与科学技术管理，2006（8）：97-101.

［282］杨海生，陈少凌，罗党论，等．政策不稳定性与经济增长——来自中国地方官员变更的经验证据［J］．管理世界，2014（9）.

［283］杨鸣京．高铁开通对企业创新的影响研究［D］．北京：北京交通大学，2019.

［284］杨仁发，李胜胜．创新试点政策能够引领企业创新吗？———来自国家创新型试点城市的微观证据［J］．统计研究，2020，37（12）：32-45.

［285］杨思莹．政府在创新驱动发展中的职能与行为研究［D］．长春：吉林大学，2019.

［286］杨亭亭，罗连化，许伯桐．政府补贴的技术创新效应：“量变”

还是“质变”？［J］. 中国软科学，2018，334（10）：57-66.

［287］杨以文，周勤，李卫红．创新型企业试点政策对企业创新绩效的影响——来自微观企业的经验证据［J］. 经济评论，2018（1）：91-105.

［288］叶丹，黄庆华．区域创新环境对高技术产业创新效率的影响研究——基于 DEA-Malmquist 方法［J］. 宏观经济研究，2017，8：132-140.

［289］殷华方，潘镇，鲁明泓．中央—地方政府关系和政策执行力：以外资产业政策为例［J］. 管理世界，2007，7：22-36.

［290］尤建新，卢超，郑海鳌，等．创新型城市建设模式分析——以上海和深圳为例［J］. 中国软科学，2011（07）：82-92.

［291］尤建新，郑海鳌，卢超．创新型城市建设路径的思考：上海与深圳的比较［M］. 北京：清华大学出版社，2012.

［292］余明桂，范蕊，钟慧洁．中国产业政策与企业技术创新［J］. 中国工业经济，2016（12）：5-22.

［293］余明桂，钟慧洁，范蕊．分析师关注与企业创新——来自中国资本市场的经验证据［J］. 经济管理，2017（3）：177-194.

［294］余泳泽，庄海涛，刘大勇，等．高铁开通是否加速了技术创新外溢？［J］. 财经研究，2019，45（11）.

［295］袁航．创新驱动对中国产业结构转型升级的影响研究［D］. 北京：北京邮电大学，2019.

［296］岳树民，孟庆涌．构建税收激励机制 提升企业自主创新能力和动力［J］. 税务研究，2006，6：11-14.

［297］张剑，吕丽，宋琦，等．国家战略引领下的我国创新型城市研究：模式、路径与评价［J］. 城市发展研究，2017，24（09）：49-56.

［298］张杰，陈志远，杨连星，等．中国创新补贴政策的绩效评估：理论与证据［J］. 经济研究，2015，50（10）：4-17+33.

［299］张杰，郑文平，翟福昕．竞争如何影响创新：中国情景的新检验［J］. 中国工业经济，2014，11：56-68.

［300］张龙鹏，蒋为，周立群．行政审批对创业的影响研究——基于企业家才能的视角［J］. 中国工业经济，2016，4：57-74.

[301] 张龙鹏，钟易霖，汤志伟．智慧城市建设对城市创新能力的影响研究——基于中国智慧城市试点的准自然试验［J］．软科学，2020，34（01）：87-93.

[302] 张永安，耿喆，王燕妮．区域科技创新政策分类与政策工具挖掘——基于中关村数据的研究［J］．科技进步与对策，2015，32（17）：116-122.

[303] 章文光，宋斌斌．从国家创新型城市试点看中国实验主义治理［J］．中国行政管理，2018（12）：89-95.

[304] 章元，程郁，佘国满．政府补贴能否促进高新技术企业的自主创新？——来自中关村的证据［J］．金融研究，2018，460（10）：127-144.

[305] 赵黎明，冷晓明．城市创新系统［M］．天津：天津大学出版社，2002.

[306] 赵莉晓．创新政策评估理论方法研究——基于公共政策评估逻辑框架的视角［J］．科学学研究，2014，32（02）：195-202.

[307] 赵奇锋，赵文哲，卢荻，等．博彩与企业创新：基于文化视角的研究［J］．财贸经济，2018，039（009）：122-140.

[308] 赵武阳，陈超．什么决定了企业的研发投入？［J］．中国会计评论，2012（4）：453-472.

[309] 赵彦飞，李雨晨，陈凯华．国家创新环境评价指标体系研究：创新系统视角［J］．科研管理，2020，41（11）：66-74.

[310] 智艳．市场竞争，产业关联与创新——一个文献综述［J］．世界经济文汇，2014，1（05）：105.

[311] 钟凯，杨鸣京，程小可．制度环境、公司治理与企业创新投资：回顾与展望［J］．金融评论．2017，9（6）：60.

[312] 周大亚．科技社团在国家创新体系中的地位与作用研究述评［J］．社会科学管理与评论，2013（04）：69-84.

[313] 周晶晶，沈能．基于因子分析法的我国创新型城市评价［J］．科研管理，2013（1）：195-202.

[314] 周黎安．中国地方官员的晋升锦标赛模式研究［J］．经济研

究，2007，042（007）：36-50.

［315］周黎安．转型中的地方政府：官员激励与治理［M］．上海：格致出版社，2008.

［316］周望．政策扩散理论与中国“政策试验”研究：启示与调适［J］．四川行政学院学报，2012（04）：43-46.

［317］周望．中国“政策试点”研究［M］．天津：天津人民出版社，2014.

［318］朱桂龙，李汝航．企业外部知识获取路径与企业技术创新绩效关系实证研究［J］．科技进步与对策．2008，25（5）：152-155.

［319］诸竹君，黄先海，王煌．交通基础设施改善促进了企业创新吗？——基于高铁开通的准自然实验［J］．金融研究，2019，473（11）：153-169.

［320］邹燕．创新型城市评价指标体系与国内重点城市创新能力结构研究［J］．管理评论，2012，24（6）：50-57.